엄마표 실험왕 과학놀이

1판 1쇄 발행 2014년 5월 20일
1판 19쇄 발행 2025년 1월 10일

지은이 이조옥, 이진선
펴낸이 유성권

펴낸곳 ㈜이퍼블릭
출판등록 1970년 7월 28일, 제1-170호
주소 서울시 양천구 목동서로 211 범문빌딩 (07995)
대표전화 02-2653-5131 | **팩스** 02-2653-2455
메일 loginbook@epublic.co.kr
포스트 post.naver.com/epubliclogin
홈페이지 www.loginbook.com

- 이 책은 저작권법에 따라 보호받는 저작물이므로 무단전재와 복제를 금지하며, 이 책 내용의 전부 또는 일부를 이용하려면 반드시 저작권자와 ㈜이퍼블릭의 서면 동의를 받아야 합니다.
- 잘못된 책은 구입처에서 교환해 드립니다.
- 책값과 ISBN은 뒤표지에 있습니다.

엄마표 영어, 엄마표 놀이는 **로그인**

국내 최고 영재교육기관 CBS영재교육학술원 커리큘럼 대공개!

창의폭발 엄마표 실험왕 과학놀이

이조옥, 이진선 지음

로그인

머리말

'세상의 모든 아이들이 그들의 특성과 소망, 욕구에 맞게 교육받아야 한다'는 신념을 갖고 있습니다. 제가 '영재'라는 집단에 대해 관심을 갖는 것도 그들이 갖는 특수성 때문입니다. 장애우들이 도움과 지원이 필요한 것처럼, 영재아들도 적절한 도움과 지원이 필요합니다.

저는 영재교육에 종사하기 전, 오랜 기간 일선 중고등학교에서 과학교사로 근무하였습니다. 이때 제가 느꼈던 점은 아이들이 '스스로 예측해 본 후 주도적으로 하는 실험'에 굉장히 열정을 보인다는 것입니다. 또한 과학 시험 점수를 잘 받기 위한 암기식 과학 교육이 아이들의 과학에 대한 열정을 해치고 있는 현실이 매우 안타까웠습니다.

사실 영재원 수업이라고 해서 아주 특별한 커리큘럼을 갖춘 것은 아닙니다. 다만 영재원에서는 '실패와 실수'를 허용하고, 그것을 '재실험의 기회로 활용'하게 합니다. 발문과 대화, 예측해 보기, 허용하기, 스스로 해 보기 등이 바로 그것입니다. 이 방법들은 어떤 과학 실험에서도 매우 유용합니다. 하지만 대다수의 어린이들은 '실패와 실수'가 허용되는 교육을 받고 있지 못한 것이 우리의 현실입니다.

이 책은 '우리 영재원에서 하는 상담과 수업 방법이 우리나라의 많은 어린이 친구들에게도 적용이 된다면 정말 좋겠다'라는 생각에서 출발하여, 저희의 경험과 철학을 나누어 드리고자 CBS영재교육학술원의 유아과학 프로그램 중 일부를 담아 본 것입니다. 쉽고 재미있게 접근할 수 있는 실험들로 구성하되, 본 영재원이 지니고 있는 철학과 수업 방법을 가능한 한 그대로 지면에 반영해 보려 노력하였습니다.

부디 이 책으로 아이와 함께 놀면서 '과학으로 행복한 경험'을 주는 것에 목표를 두고 하나씩 천천히 즐기며 해 보시기 바랍니다. 조물조물 어린 손으로 물을 휘젓고, 초롱초롱 호기심 어린 눈으로 세상을 두리번거리는 아이와 엄마들에게 이 책이 작은 도움이 되길 소망합니다.

이조옥 (CBS영재교육학술원장, CPS영재교육연구소장)

18년 간 교육 현장에서 다양한 아이들을 만나오면서 가장 크게 느낀 것은, 과학을 하는 데 있어 가장 중요한 것은 '궁금증'이라는 점입니다. 아무리 좋은 프로그램과 좋은 선생님이 있더라도, 궁금한 것이 없는 아이에게 뭔가를 가르친다는 것은 어려운 일입니다. 그래서 저는 오랫동안 '어떻게 하면 아이들이 궁금증을 갖고, 또 그 궁금증을 스스로 해소할 수 있는 방법을 찾게 할 수 있을까?'를 고민해 왔습니다.

그런데 결혼 후 두 아이를 낳고 선생님이 아닌 엄마의 입장이 되어 깨닫게 된 것은, 아이들은 눈에 보이는 많은 것들을 '이미' 궁금해하고 있다는 사실이었습니다. 그리고 엄마가, 혹은 선생님이 해 줘야 할 일은 다만 아이들의 타고난 호기심에 호응해 주는 것이었습니다.

큰아이가 말을 시작하는 두세 살 무렵에는 아이와 함께 산책을 많이 하였습니다. 산책을 하면서 보이는 나무와 꽃, 작은 곤충 등을 채집하여 자세히 들여다보았지요. 어느 봄날 산책하다가 꽃눈을 발견한 아이가 "나무에 뿔이 났네."라고 말하더군요. 그래서 저는 아이와 꽃눈을 하나 따서 그 안에 무엇이 들어 있는지 관찰해 보았습니다. 또 우연히 화단에서 공벌레를 발견한 날은 공벌레의 발가락 수를 세어 보고 공벌레의 움직임도 몸으로 직접 따라해 보고, 집에 돌아와 공벌레에 대한 책을 찾아보기도 했습니다.

엄마가 설명을 다 해 줘야 한다는 부담감은 갖지 않으셔도 됩니다. 저의 경우도 아이가 궁금해하는 것을 간단히 설명해 주기도 하지만, 아이가 커감에 따라 책이나 인터넷 등을 통해 자신의 궁금증을 스스로 해소해 보도록 안내하고 있습니다. 그저 아이와 같이 걷다가 무심한 듯 "이게 뭘까? 왜 이렇게 생겼지?"라고 슬쩍 물어봐 주세요. 엄마의 작은 질문 하나가 아이를 여러 가지 현상들에 관심을 갖고 궁금해 할 수 있도록 이끌어 줍니다. 과학은 어렵고 힘든 교과 과목이 아니라 우리 생활의 모든 것을 관찰하고 탐구하는 것이라는 사실을 엄마와 아이들이 알았으면 하는 바람입니다. 이 책을 같이 만들어 준 성빈이와 송희에게 큰 사랑과 고마움을 전합니다.

이진선 (CBS영재교육학술원 과학교사)

이 책을 먼저 접한
과학선생님들의 추천평

아이들은 말보다는 손이 앞선다고 합니다. 많은 것을 만져 보고 손의 감촉을 잘 발달시킨 아이들이 영리하다고도 합니다. 부모가 아이들과 함께 무엇을 한다는 것은 '같이 무엇을 만져 보고 같은 생각을 만들어가는 과정'일 수 있습니다.

이 책은 '엄마표 실험왕 과학놀이'라는 제목처럼 놀이를 통하여 과학적 사고와 탐구 능력을 키울 수 있는 80여 가지 다양한 과학놀이들을 소개하고 있습니다. 특히 우리 주변에서 쉽게 찾을 수 있는 재료들과 경험을 활용하는 놀이들로 과학 능력을 키울 수 있도록 구성되어 있다는 점이 인상적입니다. 가령 처음 소개되는 '무게 버티기'는 종이컵의 개수를 늘려가며 몸무게를 버틸 수 있는 결과를 알아내는 과정으로, 비교적 간단한 활동이지만 '기록'과 '유추' 능력을 키울 수 있는 좋은 예입니다.

저자들은 영재교육 활동과 유아교육 활동을 통하여 축적된 과학활동 자료 중에서도 아동들이 가장 흥미를 느끼고, 또한 아동들의 탐구 능력을 잘 키워 줄 수 있었던 실제 교육을 엄선해 수록하였습니다. 또한 실제 아이들의 활동 모습을 사진으로 같이 소개하여 친밀감을 높여 주고, 종이컵, 빨대, 요구르트 통, 풍선 등 주변에서 쉽게 접하고 구할 수 있는 재료들로 구성하여 일반 가정에서 아이들과 쉽게 즐길 수 있도록 하고 있습니다. 한눈에 활동 과정을 볼 수 있는 편집 또한 이 책의 활용도를 높여 줄 수 있을 것이라 봅니다.

과학 탐구의 연역적 가설 설정이나 탐구 결과의 논리적 분석 능력은 어렸을 때부터 꾸준한 흥미를 가지는 놀이 활동으로부터 얻어질 수 있습니다. 이 책과 함께하는 부모와 아이의 즐거운 시간이 장차 아이의 꿈과 미래를 키워 주는 좋은 밑거름이 되어 줄 것이라 믿습니다.

— 곽성일 (서울대학교 교육학 박사, 영등포고등학교 물리교사)

제 과학 수업의 첫 시간은 "항상 과학이란 무엇인가요? 어떻게 하는 것이 과학적인 것인가요?"에 대한 물음에서 출발합니다. 어려운 질문인가요? 과학이란 먼 연구실에서 특정한 사람들만이 하는 것이 절대 아닙니다. 우리 주변의 모든 일들이 과학의 다양한 개념들과 거미줄처럼 연결되어 있다는 것만 학생들의 머릿속에 자리잡게 되면, 저와의 과학 수업은 아무런 어려움이 없게 됩니다.

모든 사람이 과학을 좋아해야 할 필요는 없습니다. 또한 모든 어린이의 꿈이 과학자일 필요는 더더욱 없습니다. 하지만 일생을 살아가면서 과학적으로 생각하고, 과학을 내 생활과 밀접하게 받아들인다면 우리 삶이 더욱 풍부하고 깊이 있어질 것은 분명합니다. 자연과 사물에 대한 깊은 관심과 관찰은 과학적인 소양을 기르는 첫걸음이 됩니다. 그리고 그것은 어쩌면 어려서부터의 습관에서 비롯된 것일 수도 있습니다. 이런 저의 생각에 동의하는 부모님들께 이 책을 권해 드립니다.

학교에서만, 특정 기관에서만 과학 교육을 할 수 있는 것은 절대 아닙니다. 손쉽게 집에서도 엄마, 아빠와 함께 놀이처럼 과학을 접할 기회를 제공해 줄 수 있습니다. 그리고 이 책이 그런 기회를 만드는 데 조그마한 도움을 줄 것으로 기대합니다.

미국의 과학관 및 자연사박물관을 몇 차례 방문한 경험이 있습니다. 이때 가장 부러웠던 것은 웅장한 전시물과 멋지게 구성된 건축물 등이 아니었습니다. 아빠가 아이를 목마 태우고 전시에 대한 설명을 친절하게 해 주는 모습, 나이 드신 할머니 할아버지가 손을 꼭 잡고 판 구조론에 대한 설명을 열심히 읽어 보고 계시는 모습, 많은 자원봉사자들이 과학관 구석구석을 다니며 웃으며 봉사하는 모습 등이었습니다. 우리나라에서 아직은 생소한 이런 모습들을 머지않아 손쉽게 보게 되기를 간절히 기대합니다. 그리고 머지 않은 미래에 우리나라에서 노벨상 수상자가 연속 3회 배출되는 쾌거가 이루어지는 모습을 이 글을 쓰는 지금 행복하게 꿈꿔 봅니다.

- **김경화** (이화여자대학교 이학 박사, 신서중학교 과학교사)

이 책을 먼저 접한
엄마들의 추천평

호기심이 부쩍 늘어가는 아이에게 과학을 재미있게 접하게 해 주고 싶지만 어쩐지 다가가기엔 부담스럽고 낯설었던 과학이 이 책으로 한결 친근해지는 느낌입니다. 또래 친구들의 실험 사진이 있어 과학을 낯설어하는 친구라도 할 수 있다는 자신감을 가질 수 있을 것 같습니다. 또한 엄마들에겐 자세한 설명과 과학 팁이 있다는 것도 이 책의 매력이 아닐까 생각합니다.

— **배주하** (5세 김채은 엄마)

결이는 네 살부터 다닌 CBS프로그램을 아주 좋아합니다. 그 중에서도 과학은 가장 좋아하는 과목인데요, 수업 시간에 한 실험을 집에서 다시 해 볼 수 없어 아쉬웠는데 이 책으로 따라하면 집에서도 쉽게 해 볼 수 있을 것 같습니다. 최근에 한 수업이 비가 와도 젖지 않는 종이 우산이었는데, 이 책에 물에 젖지 않는 종이배 실험이 있어서 집에서 꼭 다시 한 번 해 봐야겠어요.

— **강경희** (6세 배결 엄마)

'과학' 하면 무언가 잘 갖춰진 실험기구가 있어야만 할 것 같았는데, 아이와 함께 있는 공간에서 일상적으로 사용하는 소모품들을 이용하여 할 수 있는 새로운 놀이를 알려 주어 깜짝 놀랐습니다. 아이를 양육하는 과정에서 부모의 몫은 결과가 아니라 과정이 아닐까요? 단순한 생활 속 실험놀이를 통해 아이에게 과학의 흥미를 자극할 수 있을 것 같아 무척 기대됩니다.

— **박주희** (7세 김민서 엄마)

책을 보며 가장 많이 든 생각은 저희 때도 학교에서 이렇게 과학을 배웠다면 얼마나 재미있었을까 하는 거예요. 아이는 물론, 엄마인 저로서도 실험을 하나씩 해 보면서 새삼스레 이해가 되는 부분이 많습니다. 책을 본 뒤로는 아이들이 먹고 버리는 요구르트 병을 보고도 '저걸로 무얼 해 볼까?' 하는 생각이 먼저 드네요. 아파트 단지 꽃밭이랑 근처 텃밭도 부지런히 다녀 보려고 합니다. 유아부터 초등학교까지 어린 아이를 둔 부모님들께 추천드리고 싶습니다.

— 장은미 (7세 이도현 엄마)

다른 책들에서는 볼 수 없었던 흥미로운 실험들이 많은데, 실험 재료 또한 일상생활에서 흔히 구할 수 있는 것들이라 정말 좋습니다. 이해가 잘 안 될 만한 부분엔 꼭 팁이 있어서 아이 혼자서도 충분히 할 수 있겠다 싶습니다. 오늘 아이가 집에 오면 '무게 버티기 놀이'를 해 볼까, '물을 빨아들이는 컵'을 해 볼까, 아니면 '막춤 추는 설탕'을 해 볼까 즐거운 고민을 하고 있습니다. 책을 보면 당장 이것저것 다 해 보고 싶어 안달할 딸의 모습이 눈에 선하네요.

— 박인순 (초2 김재희 엄마)

현준이는 CBS 과학 수업을 참 좋아하는데요, 무슨 수업을 어떻게 하길래 그렇게 좋아할까 늘 궁금했었어요. 이 책을 보니 아이가 왜 그렇게 과학수업에 열광하는지 알 수 있었습니다. 세상의 모든 공부를 놀이처럼 즐길 수 있다면 얼마나 좋을까요? 2년이 넘게 다니는 학술원 수업이 아이에겐 그저 놀이였기에 즐거웠던 것처럼, 커가면서 하는 모든 공부를 그렇게 놀이처럼 해 주기를 기대해 봅니다. 그리고 아이의 즐거움보다 지식에 대한 엄마의 욕심이 앞서지 않기를 저 자신에게 다짐해 봅니다.

— 이혜선 (초1 손현준 엄마)

아이가 CBS영재원 과학수업을 정말 좋아하는데, 수업이 일주일에 한 번이다 보니 아이가 많이 아쉬워했어요. 그런데 이렇게 책이 나와 CBS에서 했던 실험들을 집에서도 다시 해 볼 수 있다니 무척 반갑습니다. 이 책의 과학 실험은 재미만 있는 것이 아니고, 간단한 실험과 놀이로 과학 원리를 알 수 있게 해 주니 너무 좋은 것 같아요. 소중한 우리 아이들에게 컴퓨터나 핸드폰 게임 대신 과학놀이를 권해 주세요.

— 김영선 (초2 최아라 엄마)

과학 어떻게 가르쳐야 하죠?

'과학=엄마와의 행복한 추억'이 되게 해 주세요
행복한 아이의 창의력과 호기심은 무한대입니다

● **유아기는 과학이 흥미롭고 재미있는 정도면 충분합니다**

아이에게 과학을 접하게 해 주고 싶은데, 부모님이 과학 용어나 원리를 잘 몰라 걱정이 되시나요? 걱정하지 마세요. 유아기는 과학이 흥미롭고 재미있는 정도면 충분합니다. 지금 원리를 정확히 몰라서 과학자로 자랄 아이가 과학자가 못 된다거나, 학교에서 과학 점수가 엉망이 되거나 하지는 않습니다. "엄마 한 번 더 해 볼래요", "이건 왜 이럴까?"라는 말이 아이 입에서 나오면 성공한 실험입니다.

● **과학이 우리 주변 곳곳에 숨어 있다는 것을 알려 주세요**

과학은 실험실이나 전문 학원에 가서 배우는 특별한 것이 아니라는 것을 아이가 알게 해 주세요. 우리 거실, 화장실, 부엌, 동네 화단, 바닷가 등 우리 주변 곳곳에 과학의 소재와 주제는 넘쳐납니다. 냉장고 문의 자석, 열리지 않는 도시락 뚜껑, 손을 놓으면 날아가는 풍선, 놀이터의 그네와 시소 등 주변 사물들을 관찰할 기회를 주세요. 사물들을 잘 관찰하고, 어떻게 변화하는지 관심을 기울이고, 왜 그럴까를 알고 싶어 하는 것이 바로 과학입니다.

● **아이 '스스로 생각'해 보도록 연습시켜 주세요**

아무리 시시한 실험도 흥미진진하게 할 수 있는 특급비밀을 소개해 드릴게요. 아이와 실험을 할 때는 실험 전에 꼭 '어떤 일이 일어날지' 예측해 보도록 해 주세요. 예측은 실험의 흥미를 더하는 마법의 단계입니다. 가령 어떤 물체를 물에 띄우기 전에 "이건 물에 뜰까? 가라앉을까?" 하고 물어보면 뜰지, 가라앉을지 결과가 궁금해지잖아요. 어떻게 될지 미리 예측해 보고 실제로 실험을 하면, 아이들은 정말 자기 말대로 되는지 알아보려고 정신을 바짝 차리고 집중해서 실험하고 관찰한답니다.

이 책의 **특징**

오늘은 아이랑 뭐하고 놀지?
하루 15분! 꼬마 과학자의 창의력이 자라는 시간!

★ 할 때마다 난리 나는 신나는 80가지 과학실험!

호기심 많고 질문 많은 우리 아이, 하루 15분 과학으로 놀아 주세요. '과학' 하면 어렵고 복잡한 과목같다고요? 화산 폭발, 물을 빨아들이는 컵, 귤껍질 불꽃쇼 등 실험을 통한 과학의 세계는 아이들에게 흥미진진한 마술의 세계입니다. 진지한 눈빛으로 실험에 빠지고, 실험 결과에 신나서 환호하는 아이들의 모습에서 미래의 과학자를 발견할 수 있습니다. 신나는 80가지 엄마표 과학놀이로 과학 좋아하는 아이로 키우세요.

★ '실험'과 '체험'을 통해 원리를 깨우친 과학은 평생 간다!

과학전집과 과학만화를 통해 과학적 지식이 많은 아이들이 늘어나고 있습니다. 하지만 원리 이해 없이 단순히 보고 들은 과학 지식은 금새 까먹기 쉽고, 정작 중요한 과학적 개념들은 제대로 익히지 못했거나 잘못 이해하고 있는 경우도 많습니다. 실험과 체험을 통해 과학을 접하면 원리 이해가 빠르고 응용력도 높아집니다. 초등 입학 전 마음껏 만져 보고, 실험해 보며 과학으로 놀게 해 주세요. 초등 입학 전 과학 준비는 '과학놀이'가 답입니다!

★ 국내 최고의 영재교육기관 CBS영재교육학술원 커리큘럼 대공개!

대한민국 최고의 영재들이 받는 CBS영재교육학술원의 교육 프로그램을 통해 꼬마 과학자의 창의력을 키워 주세요. CBS영재교육학술원의 프로그램은 일부 기관들에서 시행하고 있는 단순한 선행학습이 아니라, 아이들이 생활 속에서 가지는 호기심을 끊임없이 자극해 창의적인 사고를 통해 문제를 해결해 나갈 수 있도록 해 주는 프로그램입니다.

Contents

머리말 · 004
이 책을 먼저 접한 과학선생님들의 추천평 · 006
이 책을 먼저 접한 엄마들의 추천평 · 008
과학, 어떻게 가르쳐야 하죠? · 010
이 책의 특징 · 011

Part 1 할 때마다 난리 난다! 신나는 과학놀이 베스트 10

버텨라 종이야!
무게 버티기 놀이 무게분산놀이 · 018

추워지면 끌어당겨요
물을 빨아들이는 컵 온도놀이 · 020

부글부글 용암이다!
공룡시대 화산폭발 화학작용놀이 · 022

귤에서 불꽃이 나와요
귤껍질 불꽃쇼 식물관찰놀이 · 024

떴다! 가라앉았다!
물로 만든 물보석 밀도놀이 · 026

로켓보다 빨라요
풍선로켓 케이블카 물체운동놀이 · 028

나 지금 떨고 있니?
깜짝 놀란 애벌레 음파놀이 · 030

나는야 꼬마 마법사!
저절로 일어서는 풍선 온도놀이 · 032

우승자는 누구?
미끌미끌 얼음낚시 온도놀이 · 034

깜짝 놀라 슝~
똥침 풍선 비행기 탄성놀이 · 036

Part 2 눈은 크게, 귀는 쫑긋 **오감자극 과학놀이**

큰 소리 작은 소리
가늘가늘 실놀이 스피커놀이 · 040

구멍 난 손바닥!
휴지심 착시 착시놀이 · 042

햇빛으로 그린 그림
돋보기 그림 렌즈놀이 · 044

소리가 설탕을 춤추게 한다!
막춤 추는 설탕 음파놀이 · 046

돌리면 들어가요
액자 속에 사과 넣기 잔상놀이 · 048

꽥꽥~ 개굴개굴~
빨대 오리 빨대 개구리 스피커놀이 · 050

매일 나를 따라다녀요~
그림자 그림 빛놀이 · 052

빨주노초파남보
무지개를 담은 상자 빛놀이 · 054

빙글빙글 돌아라!
CD로 만든 잔상팽이 잔상놀이 · 056

동에 번쩍! 서에 번쩍!
사라진 물고기 빛놀이 · 058

신나게 날아가요
빨대 헬리콥터 날리기 양력놀이 · 060

나는 피리 부는 멋쟁이
요구르트 피리 울림놀이 · 062

맛과 코의 관계
눈 가리고 맛보기 탐색놀이 · 064

집에서도 3D를 즐긴다!
3D 입체안경 탐색놀이 · 066

Part 3 눈에 보이지 않는 과학 **공기가 과학이래요**

공기는 힘이 세
쫙 펴져라 고무장갑 공기관찰놀이 · 070

바람의 힘을 느껴요!
풍선 공기총 놀이 탄성놀이 · 072

풍선이야 고슴도치야?
찔러도 터지지 않는 풍선 탄성놀이 · 074

빨대가 쏙쏙 꽂혀요!
사과 고슴도치 공기관찰놀이 · 076

공기의 원리로 놀아요
종이인형의 바닷속 구경 공기관찰놀이 · 078

하나 둘 셋 발사!
고무공 에어로켓 기압놀이 · 080

손을 쓰면 안 돼요~
컵 속의 공 꺼내기 대회 양력놀이 · 082

요구르트병이 내 얼굴에?
혹부리영감 얼굴 만들기 기압놀이 · 084

어느 생쥐가 빠를까?
생쥐마을 달리기 대회 공기관찰놀이 · 086

한자리에 떠 있어요
스티로폼 공 띄우기 양력놀이 · 088

흠~ 하~ 숨을 쉬어요
페트병 허파 만들기 내 몸 탐색놀이 · 090

후~ 후~ 안 꺼져요!
끌 수 없는 촛불 공기흐름놀이 · 092

오늘 하루는 과학에 흠뻑! 물 만난 과학

물위에 둥둥
빵끈 소금쟁이 만들기 표면장력놀이 • 096

뜰까 가라앉을까?
물에 바늘 띄우기 표면장력놀이 • 098

물만 주면 별이 되는
별이 된 나무젓가락 팽창놀이 • 100

트레비 분수보다 멋져!
탁구공 분수 만들기 기압놀이 • 102

물아, 쏟아져라!
구멍송송 스타킹 물놀이 표면장력놀이 • 104

물을 끌어올려라
초간단 빨대 스포이트 도구관찰놀이 • 106

욕심을 막아요
가득 차기 전에 새는 컵 기압놀이 • 112

안개비를 뿜어요~
간이 분무기 만들기 양력놀이 • 114

쌩쌩 잘도 돈다!
감자로 만든 물레방아 에너지전환놀이 • 116

도구는 편리해
내 이름은 깔깔 깔때기 도구관찰놀이 • 118

건조한 건 싫어요
솔방울 천연 가습기 자연관찰놀이 • 120

물 파도~ 기름 파도~
나만의 바다 만들기 밀도놀이 • 108

찬물과 더운물의 포옹
물 나누기 마술쇼 밀도놀이 • 110

어떤 원리가 숨어 있을까? 명탐정 과학놀이

쉿! 비밀이에요!
식초로 쓴 비밀편지 물질특성놀이 • 124

자석 구조대 출동!
클립 구출 작전 자석놀이 • 126

우아하게 돌아요
빙글빙글 자석 발레리나 자석놀이 • 128

오르락 내리락
춤추는 포도알 기포놀이 • 130

신나는 동전 마술!
지폐 위에 동전 올리기 무게중심놀이 • 132

아슬아슬 줄타기
중심잡기 놀이 무게중심놀이 • 134

떨어지지 않아요
벼랑 끝의 포크와 동전 무게중심놀이 • 136

팅겨라 팅겨!
동전 충돌 에너지보존놀이 • 138

손가락 나와라 뚝딱!
양초로 만든 손가락 물질특성놀이 • 140

내 배가 제일 튼튼해
젖지 않는 종이배 물질특성놀이 • 142

영차영차 힘내라!
줄 타고 오르는 거미 물체운동놀이 • 144

흔들거려도 넘어지지 않아요
병뚜껑 오뚝이 무게중심놀이 • 146

아이가 오르락 아빠가 내리락
달님시소 평형놀이 · 148

물풀 하나면 뚝딱!
탱탱볼 만들기 화학작용놀이 · 150

밖에 나가 놀자!
분꽃을 관찰해요 자연관찰놀이 · 152

신나게 날아가는
쌩쌩 종이컵 비행접시 회전놀이 · 154

빙글빙글 돌아라
골판지 팽이 회전놀이 · 156

끼리끼리 모여라
뒤죽박죽 성의 비밀 분류놀이 · 158

옛날에는 누가 살았을까?
양초 화석 만들기 화석놀이 · 160

Part 6 내 작품 어때요? 과학으로 만드는 미술·요리

내 꼬리가 젤 예뻐
공작새의 꼬리 자랑 분리놀이 · 164

다리미로 그림 옮기기
크레파스 손수건 물질특성놀이 · 166

아름다운 눈 모양
겨울왕국 종이눈꽃 자연관찰놀이 · 168

보이면 안 돼요!
소금으로 그린 비밀그림 증발놀이 · 170

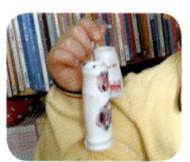
내 맘대로 뚝딱!
요구르트병 열쇠고리 열변성놀이 · 172

웬 아이가 보았네~
꽃잎으로 그린 그림 식물관찰놀이 · 174

문지르면 작품이 돼요
나뭇잎 프로타주 자연관찰놀이 · 176

추억은 방울방울~
촛농으로 그린 그림 물질특성놀이 · 178

엄마의 추억 아이의 과학
달고나 만들기 화학작용놀이 · 180

내 치즈가 젤 맛있어
초간단 치즈 만들기 응고놀이 · 182

몸에 좋아요!
아이표 요구르트 만들기 발효놀이 · 184

곤충의 특징이 머리에 쏙~
냠냠 맛있는 과일곤충 곤충관찰놀이 · 186

지퍼백을 흔들흔들~
초간단 요구르트 슬러시 온도놀이 · 188

PART 1

할 때마다 난리 난다!
신나는 과학놀이 베스트 10

호기심 많고 질문 많은 우리 아이, 오늘은 과학이랑 놀아 볼까요?

할 때마다 말 그대로 난리 나는 과학놀이 베스트 아이템을 소개합니다.

화산 폭발, 물보석, 귤껍질 불꽃쇼 등 신기하고 재미있는 과학놀이를 통해

아이의 호기심과 창의력을 키워 줄 수 있습니다.

하루 15분이면 미래의 과학자가 탄생하기에

충분한 시간이랍니다.

버텨라 종이야! 무게 버티기 놀이

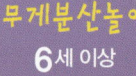

무게분산놀이
6세 이상

얇은 종이 위에 얼마나 무거운 것을 올릴 수 있을까요? 동전 하나도 버틸 수 없다고요? 의외로 종이는 힘이 세답니다. 종이가 얼마나 힘이 센지 직접 확인해 보기로 해요.

놀이 목표
- 물체를 받치는 힘
- 무거운 물체의 무게를 나누어 받치기

교과 연계
- 에너지와 도구

준비물
- A4용지 여러 장, 비슷한 크기의 책 3권, 종이컵, 풀

이 놀이는요~

얇은 종이 한 장을 여러 번 접으면 위에 올려진 물체의 무게를 받치는 받침점이 많아져요. 따라서 종이를 접을수록 무거운 물건을 올릴 수 있지요. 이 놀이는 무게를 분산시키는 것을 경험해 보는 활동입니다.

 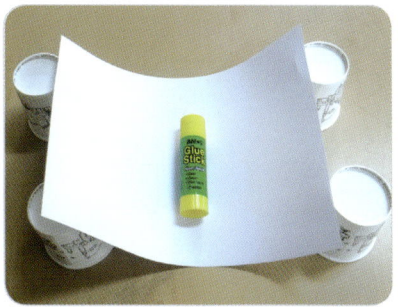 

> **Tip** 종이를 많이 접을수록 물건과 종이가 만나는 점(받침점)이 많아져 무게를 잘 분산시킵니다. 이때 종이를 일정한 간격으로 접어 주는 것이 중요합니다.

1 종이컵이나 책을 이용해 종이를 올려놓을 곳을 준비합니다.

2 종이의 힘 관찰하기 1번 위에 종이를 올리고, 그 위에 풀, 펜 등의 물체를 올려 봅니다. 종이가 버틸 수 없다는 것을 확인합니다.

3 접은 종이의 힘 관찰하기 이번에는 종이를 안과 밖으로 교차해서 여러 번 접은 후, 물건을 올려 봅니다. 종이를 접으니 풀 2개의 무게를 버티는 것을 관찰합니다.

4 무거운 물건 올리기 이번에는 풀보다 무거운 책을 올려 볼까요? 방법은 종이를 더 많이 접으면 됩니다. 처음에는 종이를 7번 접어 책 한 권을 올려 보고, 다시 15번 접은 다음 그 결과를 비교해 봅니다. 올리는 책의 권수와 접는 횟수를 늘려서 다양하게 실험해 보세요.

"7번 접었을 때는 책이 안 올라갔는데, 15번 접으니 책이 올라가네. 그럼 책 3권을 올리려면 어떻게 하면 될까?"
"더 많이 접어요."

5 이번에는 종이컵 위에 직접 올라가 볼까요? 일정한 간격으로 놓은 종이컵 위에 책을 올려 놓고, 무게가 한쪽으로 쏠리지 않도록 아이를 안아서 책 위에 올려 줍니다. 이때 두 다리는 살짝 벌려야 중심을 잡기 편합니다.

> **Tip** 종이컵은 20개부터 시작해서 점차 개수를 줄여가면서 최소한의 개수를 찾아보세요. 엄마도 함께 도전하시면 아이가 더욱 즐거워한답니다.

추워지면 끌어당겨요 # 물을 빨아들이는 컵

> 온도놀이
> 5세 이상

컵 속에 투명 괴물이 사나 봐요. 접시의 물을 컵 속으로 쭉 빨아들이네요. 빨대를 이용하는 것도 아닌데, 컵은 어떻게 물을 빨아들이는 걸까요? 힌트는 '불'에 있답니다.

놀이 목표
- 물질의 연소
- 온도와 기체의 압력

교과 연계
- 열 전달과 우리 생활

준비물
- 양초, 유리컵, 오목한 접시, 물, 성냥 또는 라이터

이 놀이는요~

공기는 더워지면 활발하게 운동하면서 위쪽으로 올라가고, 차가운 공기는 아래쪽으로 모여들어요. 그래서 따뜻한 곳과 차가운 곳에는 공기 사이에 압력 차이가 생기게 됩니다. 차가운 곳의 기압이 더 세고 따뜻한 곳의 기압이 더 약하답니다. 이 놀이는 공기의 기압차를 이용한 실험입니다.

Step 1: 양초에 컵 씌우기

양초를 세울 때는 촛농을 몇 방울 떨어뜨려 그 위에 고정시켜 주세요.

1 불이 켜진 양초를 컵으로 덮으면 촛불이 어떻게 될지 생각해 봐요. 꺼질 것 같다고 하면, 왜 꺼질 것 같은지 이유도 물어보세요.

2 타고 있는 초를 컵으로 덮으면 불이 점점 작아지다가 결국 꺼집니다. 불이 꺼진 후, 컵에 어떤 변화가 있는지 관찰해 보세요.

3 불이 꺼지면서 컵 안쪽에 물기가 생기게 됩니다. ★ 컵 안에 습기가 차는 것은 컵 안쪽과 바깥쪽의 온도차 때문에 생기는 이슬입니다.

> **Tip** 불이 붙는 조건은 '산소', '발화점', '불에 타는 물질'입니다. 이 세 가지 조건 중 하나라도 모자라면 불은 곧 꺼지게 됩니다. 컵으로 촛불을 덮는 경우, 산소가 더 이상 공급되지 않으므로 불이 꺼지게 됩니다.

"양초에 불이 붙어 있는데, 컵을 덮으면 촛불이 어떻게 될까?"
"꺼질 것 같아요."

Step 2: 물을 빨아들이는 컵

가늘고 긴 컵일수록 실험 결과가 더 잘 보입니다.

4 오목한 접시에 촛농을 떨어뜨린 후 양초를 촛농 위에 세워 고정시킵니다.

5 접시에 물을 부어 주세요. ★ 물감을 푼 물을 사용하면 관찰하기 편해요.

6 초에 불을 켜고 컵으로 덮어 줍니다. ★ 컵을 덮기 전 물이 어떻게 될지 생각해 보게 하세요.
"컵을 덮으면 물은 어떻게 될까?"
"물 때문에 불이 더 오랫동안 켜져 있을 것 같아요."

7 물이 컵 안쪽으로 빨려(또는 밀려) 들어갑니다.

> **Tip** 촛불로 컵이 따뜻해지면 컵 안의 공기가 활발하게 운동하면서 위로 올라가게 됩니다. 그러면 컵 안보다 온도가 낮은 바깥쪽 공기가 물을 내리누르게 되기 때문에 물이 밀려 들어갑니다.

온도에 따른 공기의 운동 변화

온도가 올라가면 공기가 활발하게 운동하면서 퍼져 나가 밀도가 줄어들고, 온도가 내려가면 공기는 아래로 모여들면서 밀도가 높아집니다. 밀도가 줄어들면 일정한 면적당 기압이 작아지고, 밀도가 커지면 일정한 면적당 기압이 주변보다 커지게 됩니다.

[온도에 따른 공기의 압력 변화를 보여 주는 예]
① 낮에 차가운 골짜기에서 기온이 높은 산꼭대기를 향해 바람이 분다.
② 음식이 뜨거울 때 뚜껑을 닫으면 음식이 식은 후 뚜껑이 잘 안 열린다.
③ 페트병을 뚜껑을 닫은 채 냉동실에 얼리면 찌그러진다.

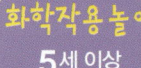

화학작용놀이
5세 이상

부글부글 용암이다! # 공룡시대 화산폭발

아주 오래 전에 공룡이 살았대요. 그런데 지금은 한 마리도 살고 있지 않지요. 많은 화산이 한꺼번에 폭발한 것이 공룡이 사라진 이유 중 하나래요. 부글부글 뻥~ 거품이 넘쳐나는 화산을 만들어 볼까요?

놀이 목표
- 화산 탐색하기
- 화학반응을 이용한 거품 만들기

교과 연계
- 화산과 지진

준비물
- 요구르트병 1개, 쟁반, 여러 가지 공룡 인형
- 용암 거품 재료: 소다 1T, 주방세제 1/2T, 식초 2T, 빨간색 물감

이 놀이는요~

화산을 직접 만들어 용암이 분출하는 장면을 연출해 보는 활동입니다. 거품이 넘쳐 나오는 화학작용을 경험하고, 공룡 모형을 배치해 화산 폭발의 상황까지 설정해 볼 수 있어, 아이들이 무척 좋아하는 과학실험입니다.

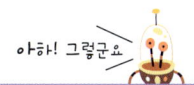

1 **화산 모형 만들기** 빈 요구르트병에 고무찰흙을 붙여 화산 모형을 만듭니다. 이때 병 입구는 막지 않도록 해요.

Tip 요구르트병의 크기는 상관없어요. 작은 병일수록 더 빠르게 반응이 나타납니다.

2 **공룡시대 꾸미기** 공룡 인형들로 화산 주변을 꾸며 주세요. 공룡이 살던 옛날에는 화산이 더 많았다는 이야기도 해 주세요.

★ 공룡 사진을 오려서 사용하거나 직접 그린 공룡을 오려서 장식해도 좋습니다.

공룡이 사라진 이유

공룡이 멸종한 이유에 대해서는 여러 가지 설이 있는데, 거대한 화산 폭발로 인해 멸종하였다는 설, 원자폭탄보다 1억 배가 넘는 폭발력을 가진 거대한 운석이 충돌하였기 때문이라는 설, 빙하기가 와서 멸종했다는 설 등이 있습니다.

3 **용암 거품 만들기** 화산 입구에 '소다 1T → 물감 탄 주방세제 1/2T → 식초 2T'의 순서로 넣어 주세요. ★ 세제에 빨간 물감을 섞어 주면 효과가 더 좋아요.

4 **용암 거품 분출!** 소다가 식초와 반응해서 올라오기까지 요구르트병의 크기에 따라 1, 2초 정도의 차이가 있어요.

Tip 거품이 다 끝나갈 때쯤 나무젓가락으로 살짝 저어 주면 남아 있는 식초와 세제가 반응하면서 거품이 조금 더 나오기도 합니다.

거품이 생기는 원리

이 실험에서 거품이 생기는 이유는 '소다'와 '식초'가 만나면 '이산화탄소 기체'가 발생하기 때문입니다. 세제를 넣지 않아도 거품은 생기지만, 세제를 넣으면 끈적한 흐름과 거품이 더 멋져 보인답니다.

식초 + 소다   식초 + 소다 + 세제

귤에서 불꽃이 나와요 **귤껍질 불꽃쇼**

식물관찰놀이
6세 이상

밤하늘을 아름답게 수놓는 불꽃놀이를 본 적이 있나요? 이 멋진 불꽃놀이를 우리는 귤껍질로도 할 수 있어요. 아이들이 정말 좋아하는 불꽃실험이랍니다.

놀이 목표
- 귤 관찰하기

교과 연계
- 식물의 세계

준비물
- 귤 또는 오렌지, 플라스틱 칼, 양초, 성냥 또는 라이터

이 놀이는요~

평소 자주 보던 귤 속에 우리가 상상하지 못했던 기름이 들어 있다니! 이 실험은 귤껍질 속에 들어 있는 기름 성분인 '테레빈유'를 이용한 과학놀이로, 아이들의 눈이 호기심으로 반짝이게 만드는 실험이랍니다. 귤기름을 이용해 자동차를 주행하는 실험을 하기도 했었다니 대단하지 않나요?

Step 1: 귤 관찰하기

1 귤을 자세히 살펴보아요. 귤껍질에 있는 둥글고 작은 구멍과 얇은 속껍질 그리고 과육의 모양을 자세히 관찰해요.

> Tip 귤은 굵은 소금을 이용해서 문질러 씻으면 농약 성분이 제거된답니다.

2 귤을 세로로 잘랐을 때와 가로로 잘랐을 때 모양이 어떻게 다른지 비교해 보세요. 또한 귤의 각 부분(겉껍질, 속껍질, 과육, 흰 털)의 맛을 보게 하고 그 맛을 표현해 보도록 해 주세요.

3 귤껍질을 반으로 접어 얼굴에 대고 눌러 즙이 나오는 것을 확인해 봅니다. 그리고 이 즙을 촛불에 쏘면 촛불이 어떻게 될지 예상해 봅니다.

"이 즙을 촛불에 쏘면 촛불이 어떻게 될까?"
"불꽃이 꺼져요."

Step 2: 귤껍질 불꽃쇼

  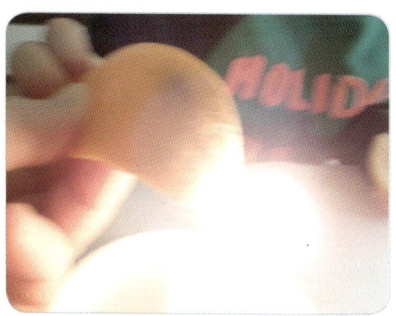

4 귤껍질을 반으로 접은 후 촛불에 가까이 대고 눌러 보세요. 귤껍질에서 나온 즙이 촛불에 닿으면서 불꽃이 생깁니다. 신선한 과일일수록 즙이 많이 나옵니다.

★ 종이컵 바닥에 촛농을 몇 방울 떨어뜨린 후 양초를 고정해서 사용하면 더 안전해요.

5 이번에는 귤껍질을 태워 봅니다. 타는 모양과 색, 소리에 대해 이야기 나눠 보세요.

6 귤껍질이 불에 잘 타는 이유가 무엇일지 추측해 보게 합니다. 귤껍질에 '기름'이 들어 있다는 이야기로 유도해 주세요.

> Tip 귤껍질에는 '테레빈유'라는 기름이 들어 있어서 이 기름이 타면서 불꽃이 일어나게 됩니다.

이렇게도 놀아요

호두 태우기

귤껍질 이외에 견과류에도 많은 기름이 함유되어 있습니다. 젓가락이나 집게로 땅콩, 호두 등을 집어서 태워 보세요. 타면서 어떤 변화가 나타나는지 귤껍질과 비교해서 관찰해 보세요.

> Tip 정월 대보름에 운세를 점쳐 보는 잣불점은 잣에 들어 있는 기름을 태워 불꽃의 크기를 재 보는 민속놀이랍니다.

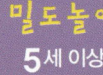
밀도놀이
5세 이상

떴다! 가라앉았다! 물로 만든 물보석

목걸이랑 반지에 달린 반짝반짝 예쁜 보석을 물로 만들어 보아요.
컵에 담긴 물로 동글동글 예쁜 물보석을 만들 수 있답니다.

놀이 목표
- 밀도
- 물의 표면장력

교과 연계
- 혼합물의 분리

준비물
- 식용유, 물, 물감, 물약병 또는 스포이트, 투명 음료수병 2개

이 놀이는요~

'밀도'는 어떤 것이 '빽빽한 정도'를 가리키는 말이에요. 이 실험은 식용유보다 물의 밀도가 크기 때문에 물이 가라앉는 원리를 이용한 놀이입니다. 아이가 아직 어릴 경우 밀도의 개념은 가볍게 설명하고 넘어가세요. 개념 이해보다 과학적 호기심 자극이 먼저니까요.

Step 1: 물과 기름 관찰하기

1 컵에 식용유와 물을 적당량 따른 후, 색, 냄새, 촉감, 맛 등을 비교해 보세요.

"물과 기름을 비교해 보자. 물의 냄새, 만졌을 때의 느낌, 맛이 어떤지 볼까? 어때?"
"냄새도 없고, 축축하고, 맹맹한 맛이 나요."
"기름의 냄새, 만졌을 때의 느낌, 맛은 어때?"
"느끼한 냄새가 나고, 미끌미끌거리고, 맛을 보니까 속이 느글거려요."

2 물에 식용유를 넣으면 어떻게 될지 생각해 봐요. 물약병이나 스포이트를 이용해 물에 식용유를 몇 방울 떨어뜨린 후 모양을 관찰합니다.

> **Tip** 기름은 물보다 밀도가 작기 때문에 물 위에 기름이 동그란 모양으로 동동 떠 있습니다.

3 식용유에 물을 넣으면 어떻게 될지 생각해 본 후, 식용유에 물을 몇 방울 떨어뜨린 후 모양을 관찰합니다. 이때 더 잘 볼 수 있게 물에 물감을 타면 좋아요.

> **Tip** 물은 기름보다 밀도가 크기 때문에 물이 가라앉게 됩니다.

Step 2: 물보석 만들기

4 물약병에 물을 2/3쯤 채운 후 그림물감을 넣고 섞어 여러 가지 색을 준비합니다.

5 기름이 담긴 병에 4의 색깔물을 떨어뜨립니다. 색깔물이 퍼지지 않고 동글동글 물방울 모양을 한 채 바닥에 가라앉습니다.

6 다양한 색깔들을 차례로 떨어뜨려 봅니다. 서로 섞이지 않고 보석처럼 예쁜 물방울이 만들어집니다. ★ 병을 흔들면 물방울이 섞일 수 있으니 되도록 흔들리지 않도록 해주세요.

Step 3: 물보석 흔들기

7 빨대를 넣어 저어 보세요. 물보석이 작은 방울로 나뉘면서 서로 섞이게 됩니다. 많은 색이 섞일수록 전체적으로 어두운 색을 띠게 됩니다.

8 뚜껑을 덮고 신나게 흔들어 보세요. 작은 방울들은 보이지 않고 기름 속에 가라앉아 있던 물방울들끼리 서로 섞이면서 전체적으로 탁한 색깔이 됩니다.

물체운동놀이 7세 이상

로켓보다 빨라요 풍선로켓 케이블카

줄에 매달려 높은 골짜기를 지나는 케이블카를 타 본 적이 있나요? 풍선으로 케이블카를 만들 수 있답니다. 쌩~ 바람을 가르며 아주 빨리 가지요. 진짜 케이블카보다 더 빠를지도 몰라요.

놀이 목표
- 공기만으로 물체 움직이기
- 물체에 작용하는 힘의 원리 알기

교과 연계
- 물체의 속력

준비물
- 풍선, 빨대, 낚시줄이나 굵은 실, 셀로판테이프

이 놀이는요~

풍선 입구에서 바람이 나와 주변의 공기를 밀어 내어 풍선이 실에 매달려 앞으로 날아가는 놀이입니다. 풍선에서 빠져나가는 바람의 힘(작용)에 의해 바람의 방향과 반대 방향으로 풍선이 움직이는 것(반작용)을 경험해 볼 수 있습니다.

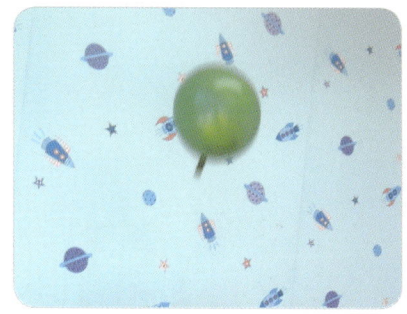

1 크게 분 풍선을 놓으면 어떻게 될지 생각해 본 후, 풍선이 날아다니는 모습을 관찰해요.

"커다랗게 분 풍선을 묶지 않고 그대로 놓으면 어떻게 될까? 풍선이 떨어질 만한 곳에 가서 잡아 봐."

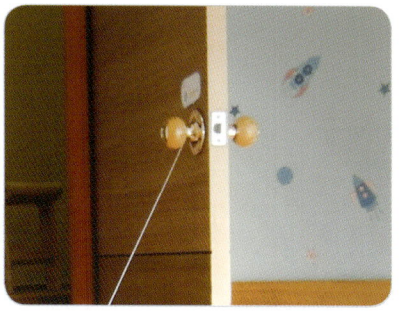

2 문고리 등에 실의 한쪽을 단단히 고정시켜 주세요. 이때 풍선이 충분히 날아갈 수 있도록 실의 길이는 넉넉하게 합니다.

3 빨대를 3cm 길이로 잘라 실에 끼운 후, 크게 분 풍선을 입구와 빨대가 일직선이 되게 셀로판테이프로 빨대에 연결합니다.

★ 이때 풍선 끝은 묶지 않고 잡고 있어야 합니다.

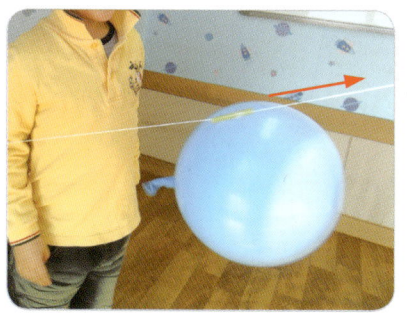

4 잡고 있던 손을 놓으면 바람이 빠지면서 풍선이 빠르게 날아갑니다.

Tip 바람(공기)이 빠지는 방향과 풍선이 움직이는 방향을 관찰하게 하세요. 풍선은 바람이 나오는 방향(작용)과 반대 방향(반작용)으로 움직입니다.

5 이번에는 풍선 입구를 옆으로 해서 붙인 후, 손을 놓아 보세요. 풍선이 빙글빙글 돕니다.

Tip 직각으로 붙인 경우 제자리에서 빙글빙글 돌고, 45도 전후로 붙인 경우 빙글빙글 돌면서도 앞으로 날아갑니다.

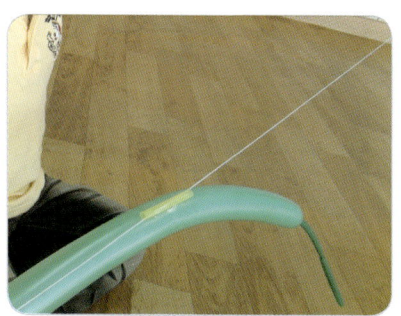

6 풍선의 종류를 바꿔 실험해 봅니다. 가늘고 긴 풍선보다 둥글고 짧은 풍선이 더 잘 날아간다는 사실을 확인할 수 있어요.

7 이번에는 풍선에 비행기처럼 꼬리 날개를 단 후 빨대에 끼워 실험해 보세요.

★ 수직 꼬리 날개는 균형을 잡아 주는 역할을 하기 때문에 붙이지 않았을 때보다 풍선의 흔들림이 줄어들게 됩니다. 빨대를 잘 붙였더라도 꼬리 날개를 비스듬히 달면 풍선이 회전하면서 날아갑니다.

8 풍선 앞에 종이로 고깔을 만들어 붙인 후 빨대에 끼워 실험해 보세요.

★ 고깔을 붙인 경우 공기저항이 줄어들기 때문에 앞으로 더 잘 날아갑니다.

음파놀이 5세 이상

나 지금 떨고 있니? 깜짝 놀란 애벌레

컵 위에서 잠을 자던 애벌레가 깜짝 놀라서 춤을 추네요. 손을 대지 않고도 애벌레를 춤추게 만들 수 있어요. 음악에 맞춰 천천히 추게도 하고, 빨리 추게도 할 수 있지요.

놀이 목표
- 소리의 떨림 알기

교과 연계
- 탐구, 어떻게 할까요?

준비물
- 종이컵, 모루, 작은 스티로폼 또는 색종이

이 놀이는요~

소리는 공기의 떨림이 귀에 있는 고막을 통해 전달되는 것입니다. 소리의 높낮이에 따라 떨리는 모습도 다르답니다. 깜짝 놀란 애벌레는 소리의 떨림을 이용한 과학완구로서, 소리의 떨림을 귀가 아닌 눈으로 관찰할 수 있어 흥미로운 실험입니다.

Step 1: 애벌레 만들기

1 모루를 연필에 3번 정도 감고 자릅니다.

2 밑면이 평평해지도록 적당히 만져 주고, 스티로폼 조각에 얼굴을 그려 모루에 꽂으면 애벌레 완성! ★ 애벌레 얼굴은 색종이에 그려 붙여도 됩니다.

3 종이컵을 예쁘게 꾸며 애벌레가 춤출 무대를 만들어 주세요.

Step 2: 애벌레 춤추게 하기

4 애벌레가 종이컵 위에서 춤추게 하려면 어떻게 해야 할지 생각해 봐요. 가능한 모든 방법으로 해 봐요. 예) 바람 불기, 종이컵 흔들기, 도구로 종이컵 건드리기 등

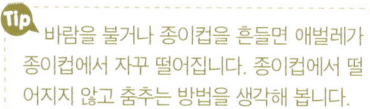

Tip 바람을 불거나 종이컵을 흔들면 애벌레가 종이컵에서 자주 떨어집니다. 종이컵에서 떨어지지 않고 춤추는 방법을 생각해 봅니다.

5 애벌레가 종이컵 위에서 떨어지지 않고 춤추게 하려면 어떻게 해야 할지 생각해 봐요. 그리고 종이컵 옆면에서 아~ 소리를 내어 봅니다. 애벌레가 움직이지요? ★ 소리의 떨림이 종이컵에 전달되어 애벌레가 움직이게 됩니다.

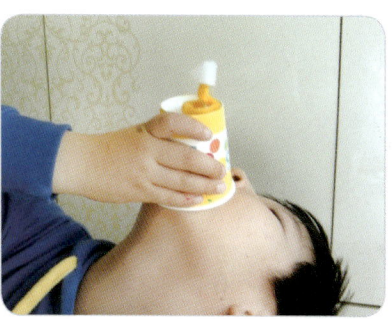

6 종이컵의 아래쪽에 입을 대고 아~ 소리를 내 봅니다. ★ 옆에 대고 소리 내는 것보다 소리가 더 많이 모여서 애벌레가 더 많이 움직입니다.

7 고개를 뒤로 젖히려니 목이 아프죠? 주름 빨대를 이용해 편리하게 소리를 모아 봐요. 종이컵에 구멍을 뚫고 빨대를 끼워 주세요.

8 빨대에 대고 소리를 내어 애벌레를 춤추게 해 봐요. 높은 소리도 내 보고, 낮은 소리도 내 보세요. 소리의 높낮이에 따라 떨림이 달라집니다. ★ 높은 소리일 때 애벌레의 움직임이 더 활발합니다.

9 소리의 떨림을 손으로도 느껴 볼까요? 종이컵 밑면에 손을 댄 상태에서 종이컵에 입을 대고 소리를 내면 종이컵의 떨림이 손에 느껴집니다. ★ 소리는 떨림을 통해 전달된다는 사실을 알려 주세요.

온도놀이 **6세 이상**

나는야 꼬마 마법사! 저절로 일어서는 풍선

수리수리 마수리~ 풍선아 풍선아 커져라 얍! 꼬마 마법사가 주문을 걸자 풍선을 만지지도 않고 불지도 않았는데 정말 풍선이 커져요. 우리들도 마법의 주문을 배워 볼까요?

놀이 목표
- 온도에 따른 기체의 부피 변화

교과 연계
- 열 전달과 우리 생활

준비물
- 풍선, 페트병, 찬물(얼음물), 더운물, 큰 그릇

이 놀이는요~

이 놀이는 '온도에 따른 공기의 부피 변화'를 이용한 활동입니다. 같은 양의 기체일 경우, 온도가 올라가게 되면 입자들의 움직임이 활발해져서 더 많은 공간을 차지하게 되고, 반대로 온도가 내려가게 되면 입자들의 움직임이 줄어들기 때문에 이 기체가 차지하는 공간이 작아지게 됩니다. 눈에 보이지 않는 공기의 움직임과 부피 변화를 경험할 수 있습니다.

Step 1 : 저절로 일어서는 풍선

1 페트병에 풍선을 씌운 후, 풍선을 크게 부풀리는 방법에 대해 생각해 보세요.

2 병 누르기 페트병을 손으로 누르면 병 속의 공기가 풍선 속으로 이동해 풍선이 부풀게 됩니다. 그럼 페트병을 누르지 않고 풍선을 부풀리는 방법은 없을까요?

3 뜨거운 물에 넣기 페트병을 뜨거운 물에 담가 풍선이 부풀어 오르는 것을 관찰합니다. ★ 풍선 속으로 들어간 공기는 원래 어디에 있었던 공기인지 질문해 보세요.

얼음물에 넣으면 어떻게 될지 먼저 예상해 볼 시간을 충분히 주세요.

4 차가운 물에 넣기 뜨거운 물에 넣었던 페트병을 얼음물에 넣어 보세요. 풍선이 다시 줄어듭니다. ★ 풍선 속의 공기가 어디로 갔을지 생각해 보게 하세요.

실험 속 과학원리 페트병을 뜨거운 물에 넣으면 페트병 속 공기의 온도가 올라가면서 공기의 움직임이 활발해져 페트병 속 공기가 밖으로 밀려나와 풍선으로 들어가게 됩니다. 반면 페트병을 얼음물에 넣으면 페트병 속 공기의 온도가 내려가면서 공기의 움직임이 둔해져 페트병 속 공기가 수축하게 되어 풍선의 크기가 줄어듭니다.

Step 2 : 병 속에 풍선 넣기

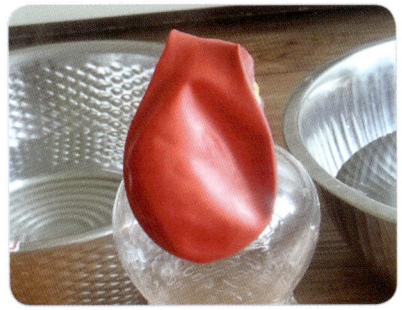

5 빈 페트병을 뜨거운 물로 충분히 헹구어 두었다가 입구에 풍선을 씌워 주세요.

얼음물 대신 찬물을 사용해도 되지만, 얼음물이 페트병 안의 공기를 더 빨리 수축시키므로, 풍선이 더 빨리 뻥~ 소리를 내면서 안으로 쏙 들어갑니다.

6 5를 얼음물에 넣어 보세요. 풍선이 안쪽으로 쑥 빨려 들어갑니다.

7 6을 다시 뜨거운 물에 넣어 볼까요? 풍선이 다시 병 밖으로 올라옵니다.

온도놀이 5세 이상

우승자는 누구? 미끌미끌 얼음낚시

미끌미끌 차가운 얼음 낚시 대회가 열렸어요. 주어진 도구는 낚싯바늘도 없는 낚싯대 한 자루뿐인데, 어떤 친구가 우승을 했을까요? 바로 소금을 뿌린 친구라고 하네요! 우승자의 우승 비결을 한번 배워 볼까요?

놀이 목표
- 어는점 내림

교과 연계
- 모습을 바꾸는 물

준비물
- 얼음, 소금, 털실, 빨대

이 놀이는요~

얼음에 소금을 뿌리면 소금이 닿은 부분이 녹고 그 물에 다시 소금이 녹습니다. 소금이 녹으며 주변의 열을 흡수, 다시 얼음을 녹이면서 물이 다시 어는 것을 방해해 0℃ 이하에서도 물의 상태를 유지하게 합니다. 이때 물을 흡수한 털실은 주변의 낮은 온도에 의해 다시 얼어 얼음에 달라붙게 되어 '얼음 낚시'가 가능하게 되죠.

1. 그릇에 얼음을 넣고 관찰해 봅니다. 얼음은 차갑고 매끈매끈하고 단단해요. 그리고 녹으면 물이 됩니다. 얼음을 빨리 녹이려면 어떻게 해야 할지 생각해 보게 하세요.

Tip 손으로 문지르기, 몸에 넣기, 작게 조각 내서 녹이기, 부채질하기, 헤어드라이기 이용하기 등 다양하게 생각할 수 있도록 도와주세요.

2. 빨대에 털실을 연결하여 낚싯대를 만든 후 털실을 얼음에 드리워 낚아 보세요.

3. 이런~ 미끼가 없어서일까요? 얼음이 낚이지 않아요.

"실로 얼음을 낚을 수 있는 방법은 없을까?"

4. 얼음 위에 털실을 올려놓고 주변에 소금을 솔솔 뿌린 후 기다립니다. 천천히 30까지 세게 하세요.

Tip 이때 매끈한 실보다는 털실이 낚시질에 더 적합합니다. 털실은 가는 섬유들 구석구석에 물이 흡수되어 다시 얼면서 얼음과 실의 부착을 더 확실하게 해 줍니다.

5. 낚싯대를 천천히 들어 올려 보세요. 얼음이 낚인 것을 확인할 수 있어요.

6. 조금 더 오래 기다렸다가 들어 올리면 더 많은 얼음이 달라붙는다는 것도 확인해 보세요. 실이 얼음 녹은 물에 젖었다가 얼음과 같이 다시 얼었어요.

Tip 얼음 2개 동시에 낚기, 얼음 3개 낚는 방법 찾기 등 다양한 미션을 주며 재미있게 활동을 즐겨 보세요.

어는점 내림

액체가 얼기 시작하는 온도를 '어는점'이라고 하는데, '어는점 내림'이란 말 그대로 액체의 어는점을 더 낮은 온도로 끌어 내리는 현상을 말합니다. 겨울에 영하의 날씨에도 바닷물이 얼지 않는 이유도 바닷물이 염분을 함유하고 있어 어는점이 내려가기 때문입니다. 어는점 내림 현상은 실생활에서도 많이 이용되고 있는데, 눈이 왔을 때 염화칼슘을 뿌려 빙판을 녹이거나 자동차 냉각수에 부동액을 넣어 냉각수가 어는 것을 방지하는 것 등이 그 예입니다.

탄성놀이 6세 이상

깜짝 놀라 슝~ 똥침 풍선 비행기

풍선을 이용하여 비행기를 만들어 볼까요? 똥침 한방이면 깜짝 놀라 어디든지 슝~ 하고 날아가는 친환경 비행기랍니다. 똥침만 제대로 놓으면 달나라 여행도 가능할지 몰라요.

놀이 목표
- 탄성 경험하기
- 물체에 작용하는 힘의 원리

교과 연계
- 탐구, 어떻게 할까요?

준비물
- 긴 풍선, 공기 주입기, 색종이, 가위, 셀로판테이프

이 놀이는요~

풍선이나 우리 피부처럼 힘을 주면 찌그러졌다가도 다시 원래대로 돌아오는 성질을 '탄성'이라고 합니다. 이 놀이는 힘을 가했다 없애면 다시 원래의 모양으로 되돌아가는 고무의 탄성과 공기의 성질을 이용해 멀리 날아가는 비행기를 만들어 보는 활동입니다. 보다 잘 날아갈 수 있도록 비행기의 머리와 날개를 꾸며 보며 비행기의 원리를 경험해 볼 수도 있습니다.

Step 1: 풍선 비행기 날리기

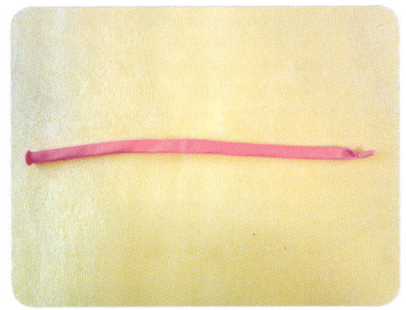

1 긴 풍선을 15~20cm 길이로 자르고 끝을 묶어 주세요. 아이가 어리다면 더 짧게 잘라 준비해 주세요. 너무 길면 아이들이 다루기 힘들어요.

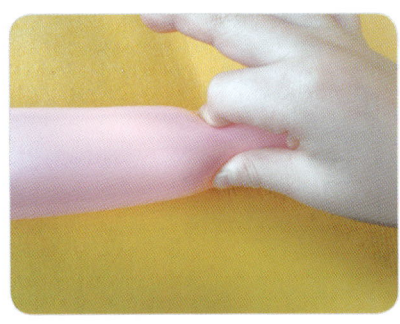

2 긴 풍선을 분 후 풍선을 만져 보고, 돌려 보고, 눌러 보며 풍선의 탄성을 경험하게 해 주세요.

3 풍선을 비행기처럼 슝 날아가게 하려면 어떻게 해야 할지 이야기를 나눈 후 풍선을 날려 봅니다. ★ 풍선을 그냥 던지면 공기의 저항 때문에 멀리 가지 않아요.

4 풍선 끝을 검지로 꾹 누르면서 풍선을 잡고 있던 손을 놓아 주세요. 그냥 풍선을 날리는 것보다 훨씬 잘 날아가는 것을 관찰할 수 있어요.

> **Tip** 풍선의 탄성에 의해 원래 모습으로 되돌아가려는 힘만큼 풍선이 손가락을 밀면서 앞으로 날아가게 됩니다.

5 풍선 비행기를 멀리 가게 하려면 어떻게 하면 좋을지 생각해 봅니다. 풍선 끝을 더 세게 찌르거나 풍선의 끝을 비스듬히 위로 향하게 해서 날려 보도록 해요.

> **Tip** 풍선 끝이 살짝 위로(약 45~55°) 향하면 풍선에 작용하는 힘들(아래로 잡아당기는 힘인 중력과 우리가 손으로 미는 힘)이 합해져 멀리 날아가게 됩니다.

Step 2: 풍선 비행기 변형하기

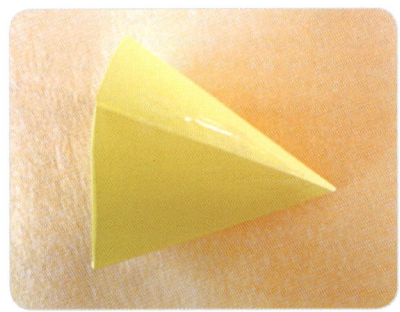

6 색종이를 반으로 자르고 한쪽 끝을 뾰족하게 하여 고깔을 만들어 주세요. 풍선 크기에 맞추어 고깔을 만들고 나머지 부분은 잘라 정리해 줍니다.

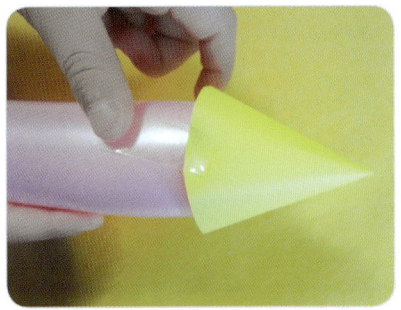

7 고깔을 풍선에 붙여서 날려 보세요. 끝이 뾰족한 고깔을 씌우면 공기와 부딪힐 때 생기는 공기 저항을 줄여 더 잘 날아갑니다.

8 테이블 위에 물병을 올려 놓고 똥침 풍선을 쏘아 맞히는 놀이를 해 봐요.

PART 2

눈은 크게, 귀는 쫑긋
오감자극 과학놀이

우리 주변에는 빛, 소리, 진동들이 가득해요.

그리고 우리 몸은 이러한 자극들을 받아들이느라 하루 종일 바쁘답니다.

오늘은 작은 소리에 귀를 쫑긋, 해님이 만든 그림자와

무지개를 따라 눈을 반짝 빛내며 주변의 현상들에

집중해 보아요. 우리 몸이 정말 바쁘게 하루를

보내고 있다는 것을 알 수 있답니다.

스피커놀이
5세 이상

큰 소리 작은 소리 가늘가늘 실놀이

아이가 너무 들뜨거나 흥분했을 때는 엄마가 큰 소리로 말려도 별 효과가 없죠? 이럴 때 실 한 가닥이면 마법같이 아이들을 차분하게 만들 수 있답니다. 바느질하다가 남은 실이나 옷에서 나온 실밥을 이용해도 좋아요.

놀이 목표
- 작은 소리 크게 하기
- 소리가 생기는 원리

교과 연계
- 탐구, 어떻게 할까요?

준비물
- 실, 종이컵, 이쑤시개, 셀로판테이프

이 놀이는요~

이 실험은 '소리가 확대되는 원리'를 알아보는 활동입니다. 아주 작은 소리를 들을 때는 귀에 손을 동그랗게 대고 소리가 새어나가지 않게 하거나 종이컵으로 소리를 모으면 크게 들리게 됩니다. 또한 소리를 전달하는 물질의 종류를 다르게 하면 소리의 크기와 종류도 다양하게 달라집니다.

1 실의 소리 듣기 한 손으로 실의 한쪽 끝을 잡고 다른 손 손톱으로 실을 훑어 내리면서 소리를 들어 보세요.

"실이 내는 소리 잘 들어 봐. 어떤 소리가 들리니?"

2 종이컵에 바늘 등으로 작은 구멍을 내고 실을 통과시킵니다.

3 실 끝에 이쑤시개를 묶은 후 셀로판테이프로 고정시켜 실이 빠지지 않게 합니다.

4 종이컵에 연결된 실을 손톱으로 긁어내려 보세요. 종이컵을 귀에 대면 소리가 더 크게 들립니다.

Tip 손에 물을 묻혀서 하면 마찰이 커지기 때문에 소리가 더 커진답니다.

5 다양한 재질과 굵기의 실을 활용해 보세요. 플라스틱 재질은 소리가 매우 큽니다.

Tip 아이들이 이 놀이를 통해 소리의 원리까지 모두 이해하는 것은 무리일 수 있어요. 다만 일상 생활에서 여러 가지 과학적 원리가 숨어 있다는 것을 즐거운 놀이를 통해 어렴풋이라도 느끼게 해 주세요. 아이의 관찰 지능이 쑥쑥 자라게 될 거예요.

이렇게도 놀아요

우리 집에서 스피커가 숨어 있는 곳을 아이와 함께 찾아 보세요. 휴대전화, CD플레이어, TV 등의 스피커에 손을 대보게 하세요. 손에 떨림이 느껴지는지도 물어보세요. 소리는 진동(떨림)에 의해 전달됩니다 손바닥으로 목젖 주위를 감싸고 "엄마, 사랑해요"라고 말하게 해 보세요. 성대에서 울리는 진동을 느낄 수 있어요.

착시놀이 6세 이상

구멍 난 손바닥! 휴지심 착시

으악! 큰일 났어요. 내 손바닥에 구멍이 났어요. 어떻게 된 일일까요?
그런데 하나도 아프지 않아요.

놀이 목표
- 사람의 눈이 두 개인 이유 탐색
- 두 눈의 시각차 경험하기

교과 연계
- 우리 몸

준비물
- 휴지심, 동전

이 놀이는요~

우리의 눈이 본 현상이 뇌로 전달되어 그것을 인식하는 과정에서 실제 사실과 다르게 착각하게 되는 것을 '착시'라고 합니다. 이 활동은 여러 가지 착시 현상을 경험해 보는 놀이입니다.

Step 1: 휴지심 착시

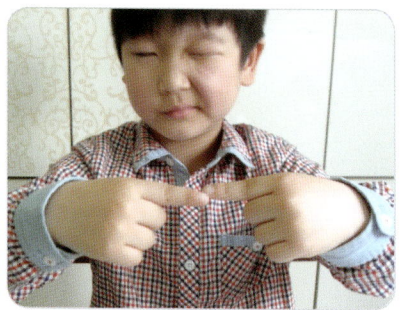

사람의 눈이 두 개인 이유
우리의 눈은 오른쪽과 왼쪽으로 서로 떨어져 있어 각각의 눈에 들어온 정보들을 우리의 뇌가 하나로 통합하는 과정을 거쳐 사물을 인식합니다. 이러한 과정을 통해 물체와의 거리감과 입체감을 정확히 알 수 있게 됩니다.

1 양손 검지를 어깨 넓이만큼 벌렸다가 서로 맞닿게 해 보고, 한쪽 눈을 감고 같은 방법으로 해 보세요.

2 오른쪽 눈으로는 휴지심의 구멍을, 왼쪽 눈으로는 휴지심 바로 옆에 댄 손바닥을 바라보세요. 우아! 손바닥에 구멍이 뚫린 것처럼 보이지요? 왼쪽의 손바닥을 천천히 앞뒤로 움직여 보세요. 구멍의 크기가 조금 달라지는 것처럼 느껴집니다.

Tip 오른쪽 눈을 통해 들어온 정보인 '구멍' + 왼쪽 눈을 통해 들어온 정보인 '손바닥'이 우리 뇌에서 합쳐져서 '구멍 뚫린 손바닥'이라는 재미있는 상황을 만들게 된답니다.

Step 2: 재미있는 착시 현상

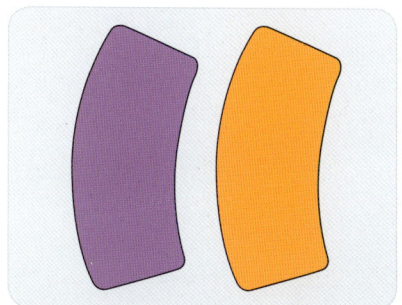

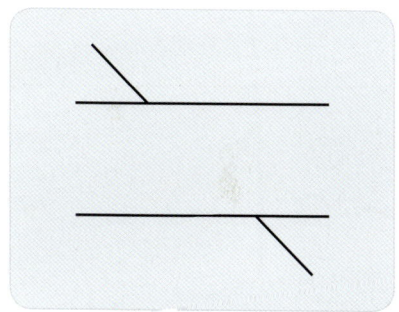

3 두 그림이 어떻게 보이나요? 어느 한쪽이 더 커 보이나요? 실제로 두 그림은 같은 크기입니다.

Tip 같은 크기와 모양이지만 보라색 도형의 짧은 곡선 쪽에 있는 주황색 도형이 더 커 보인답니다. 보라와 주황색 도형의 위치를 바꾸어 놓으면 이번에는 주황색 도형이 더 작아 보인답니다.

4 10원짜리 동전을 하나는 500원짜리 동전으로 둘러싸고, 하나는 50원짜리 동전으로 둘러싸 보세요. 두 10원짜리 동전 중 어떤 동전이 더 커 보이나요?

Tip 같은 크기의 동전이라도 큰 동전 사이에 있는 동전이 상대적으로 더 작아 보여요.

5 두 개의 선이 어떻게 보이나요? 두 개의 선은 똑바로 연결될까요?

★ 자를 이용해 이어 보세요. 두 선이 하나의 직선으로 연결된답니다.

이렇게도 놀아요

착시 현상의 예

두 직선의 길이는?   직선일까, 곡선일까?

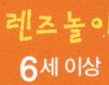 렌즈놀이 6세 이상

햇빛으로 그린 그림 돋보기 그림

오늘은 크레파스와 색연필 말고 햇빛으로 그림을 그려 보기로 해요.
햇님을 내 맘대로 움직일 수도 없는데 어떻게 그리냐고요? 돋보기가 우리를 도와준다고 하네요.^^

놀이 목표
- 돋보기의 특징 알기
- 돋보기로 빛 모으기

교과 연계
- 빛

준비물
- 돋보기, 색종이

이 놀이는요~

물체를 크게 보이게 해 주는 '돋보기'는 꼬마 과학자의 필수품이죠? 하지만 오늘은 돋보기를 다른 용도로 사용해 봐요. 돋보기로 빛을 하나의 점에 모으면 뜨거운 태양열을 모을 수 있거든요.

Step 1: 실내에서 돋보기 탐색하기

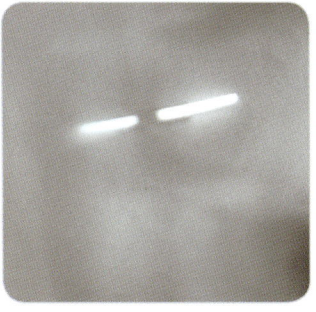
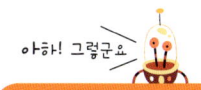

1 돋보기로 보기 돋보기로 다양한 물건들을 살펴보세요. 같은 물건이라도 돋보기를 가까이 댈 때랑 조금 멀리 댈 때랑 어떻게 다른지 관찰하도록 합니다. ★ 돋보기로 물건을 확대할 수 있음을 탐색하는 활동입니다.

2 전등 빛 모으기 방 천장의 전등을 켜고 방바닥에 종이를 댄 후 돋보기로 전등 빛을 모아 봅니다. 돋보기를 위아래로 움직이면서 전등 불빛이 종이에 선명하게 보이는 지점을 찾아보세요. ★ 돋보기로 빛을 모을 수 있음을 탐색하는 활동입니다.

아하! 그렇군요

돋보기(볼록렌즈)
돋보기는 빛을 모아 물체를 확대하여 보여 주는 도구입니다. 눈-렌즈-물체의 위치에 따라 물체의 크기가 달라지며, 돋보기로 모은 빛이 한곳에 모이는 지점이 바로 돋보기의 초점이 됩니다. 이 초점 거리 안쪽에 물체가 위치할 경우 물체가 확대되어 보입니다.

**3 창문 반대편에 종이를 대고 돋보기로 창문에서 들어오는 빛을 모아 보세요. 뒤를 돌아보지 않았는데도 창문 앞에 서 있는 오빠의 동작을 볼 수 있답니다.

Tip 이때 오빠의 모습은 위아래가 거꾸로 보인답니다.

Step 2: 야외에서 돋보기 탐색하기

4 종이에 두꺼운 검정색 펜으로 간단한 그림이나 글씨를 그립니다. 검정색 종이에 그려도 좋아요. ★ 이때 돋보기로 태워 완성할 부분도 미리 생각해 두면 좋겠죠?

5 돋보기를 들고 밖으로 나가 볼까요? 먼저 빈 종이를 바닥에 놓고 돋보기를 위아래로 움직여서 해가 아주 조그맣게 모이도록 해 보세요. 흰 종이와 검정색 종이에 번갈아 빛을 모아 보고 어느 쪽이 더 빨리 타는지 비교해 보세요. ★ 흰 종이보다 검정색 종이가 더 빨리 타는 이유는 검은색 종이가 빛을 더 잘 흡수하기 때문입니다.

6 이제 햇빛 그림을 그려 볼까요? 아까 그린 그림 위에 돋보기로 빛을 모아 주세요. 구멍이 나기 시작하면 돋보기를 조금씩 움직이면서 그림을 완성시켜 주세요. 자기 이름을 써 봐도 재미있겠죠?

음파놀이 5세 이상

소리가 설탕을 춤추게 한다! 막춤 추는 설탕

설탕 나라에 파티가 열렸나 봐요. 우리가 내는 소리에 맞춰 통통 튀는 설탕 알갱이들의 멋진 춤을 구경해 보기로 해요. 그런데 어떤 설탕들은 막춤을 추고 있는 거 보이나요?

놀이 목표
- 소리의 전달

교과 연계
- 탐구, 어떻게 할까요?

준비물
- 2L 페트병 (또는 분유통), 비닐 또는 랩, 설탕, 고무줄

이 놀이는요~

소리는 어떻게 우리 귀에 닿을까요? 소리는 떨림(진동)이랍니다. 이 떨림이 공기나 나무에 전달되어 우리 귀에까지 닿으면 소리가 들린다고 하지요. 이 활동은 소리가 일종의 떨림이라는 것을 눈으로 확인해 보는 놀이입니다.

Step 1 : 드럼 위의 설탕 움직이기

1 분유통이나 반으로 자른 페트병에 랩이나 비닐을 씌운 후 고무줄 등으로 팽팽하게 고정시켜서 드럼을 만듭니다. ★ 비닐을 씌운 부분을 살살 치면서 소리도 한번 들어 보세요.

2 비닐 위에 설탕을 올려놓습니다. 설탕의 양은 1/3 티스푼 정도의 소량만 사용하는 편이 관찰하기에 좋습니다.

3 자, 이제 설탕을 움직이게 해 볼까요? 페트병을 직접 손으로 쳐도 되고, 책상을 두드려도 설탕이 움직입니다. 또 손을 대지 않고 설탕을 움직이게 할 수 있는 방법도 생각해 봅니다. 입으로 바람을 불어도 되겠죠?

"설탕을 움직이게 할 방법이 뭐가 있을까?"

Step 2 : 소리로 설탕 움직이기

4 소리 전달하기 페트병 가까이에 입을 대고 '아' 하며 소리를 내 보세요. 또 '도레미파솔라시도'를 천천히 해 보세요. 소리의 높낮이에 따라 설탕의 움직임이 달라지는 것을 관찰할 수 있습니다.

5 다양한 소리 전달하기 목소리 외에 악기로 소리 내기, 박수 치기 등 다양한 방법으로 소리를 내면서 설탕의 움직임을 관찰해 보세요.

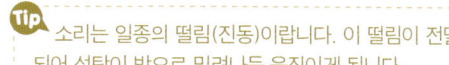

Tip 소리는 일종의 떨림(진동)이랍니다. 이 떨림이 전달되어 설탕이 밖으로 밀려나듯 움직이게 됩니다.

고음과 저음

우리 몸에서 음성을 내는 기관 중 가장 중요한 부분이 바로 성대입니다. 성대의 길이에 따라 소리의 높낮이가 달라지는데, 성대의 길이가 짧을수록 높은 소리를 내고 길수록 낮은 소리를 내게 됩니다. 성인 남자가 성인 여자나 어린이들보다 낮은 소리를 내는 이유는 성대가 더 길기 때문입니다.

돌리면 들어가요
액자 속에 사과 넣기

잔상놀이 5세 이상

앞면에는 '사과', 뒷면에는 '액자' 그림이 있어요. 사과를 액자에 넣어야 하는데 어떻게 해야 할까요?
사과를 오려서 액자에 넣을까요? 그러면 액자 그림이 잘릴 텐데 좋은 방법이 없을까요?

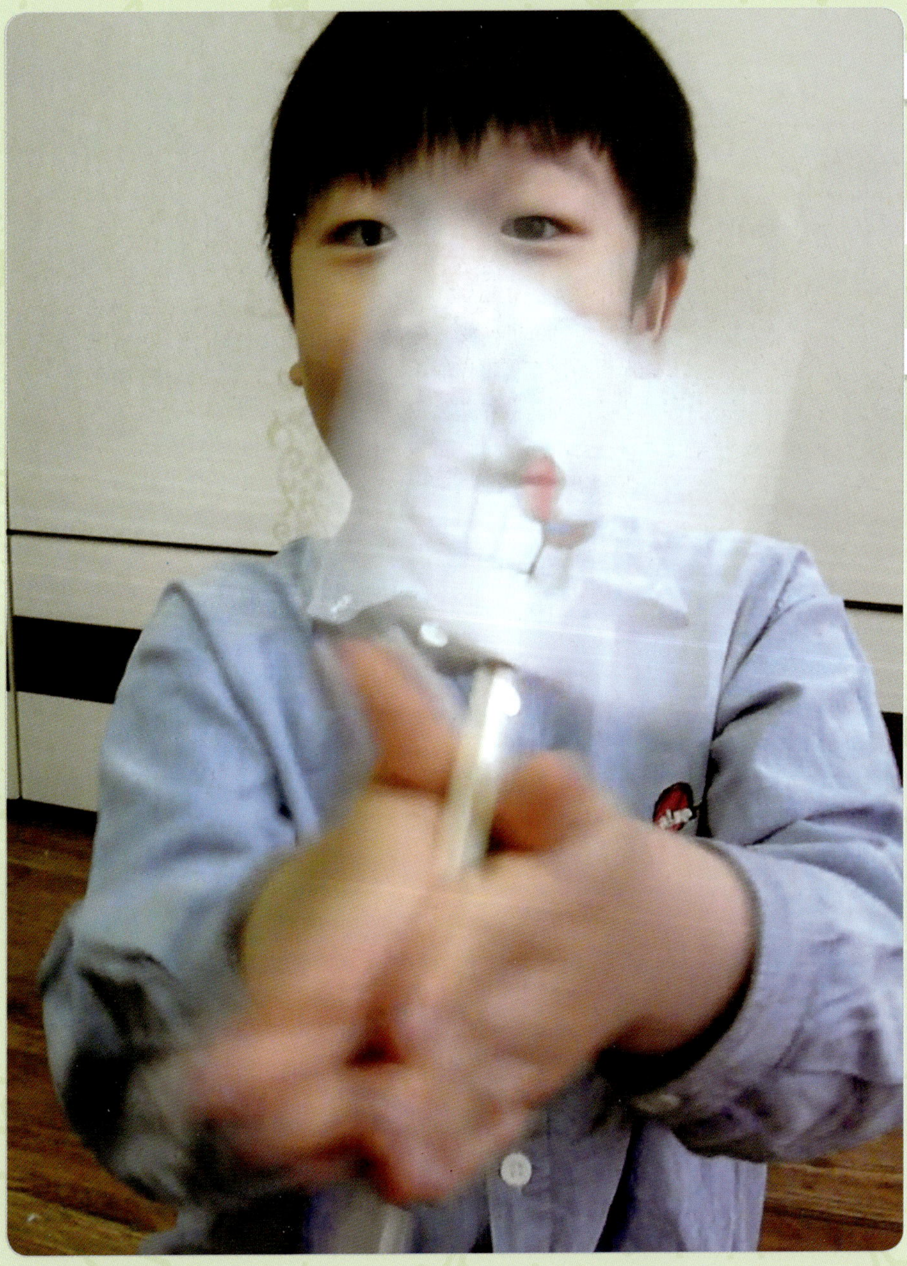

놀이 목표
- 잔상 경험하기
- 만화 영화의 원리

교과 연계
- 우리 몸

준비물
- 두꺼운 도화지, 색연필, 나무젓가락, 셀로판테이프, 고무줄

이 놀이는요~

우리의 눈이 자극을 받았을 때 그 자극이 잠시 눈에 남아 있는 현상을 '잔상'이라고 해요. 이 활동은 잔상 효과를 이용한 과학놀이입니다. 사과를 본 잔상이 머릿속에 남아 있는 동안 액자를 보면 사과가 액자 속에 들어 있는 것으로 우리 눈은 착각하게 된답니다.

Step 1 : 사과와 액자 그리기

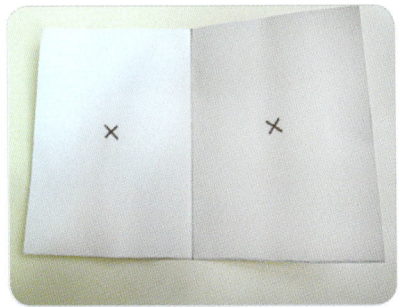 

1 A4용지 절반 크기의 두꺼운 도화지를 반으로 접고 양쪽에 중심을 표시해 주세요.

2 표시된 중심을 기준으로 같은 위치에 한쪽 면에는 액자를, 나머지 한쪽 면에는 사과를 그립니다. ★ 액자가 조금 커야 그림이 액자 속에 들어가겠죠?

Step 2 : 고무줄 연결하여 돌리기

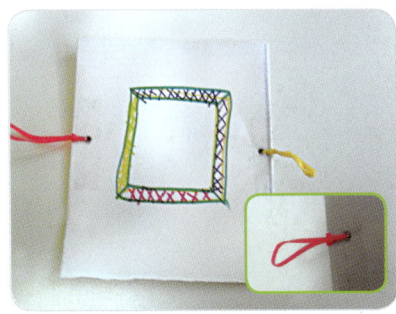  

3 종이를 그림이 보이게 반으로 접어 붙인 후, 양쪽에 구멍을 뚫고 고무줄을 끼웁니다.

Tip 고무줄 끼우는 부분은 구멍을 뚫기 전에 셀로판테이프를 한 번 붙여 주면 종이가 쉽게 찢어지지 않아요.

4 고무줄을 양쪽 손가락에 끼우고 그림을 돌려 고무줄을 팽팽히 꼬아 줍니다. 아이가 혼자 못하면 엄마가 대신 돌려 주세요.

5 자, 이제 사과를 액자에 넣어 볼까요? 잡고 있던 손을 놓으면 그림이 돌아가며 사과가 액자 안에 들어가게 됩니다. 이때 고무줄을 잡아당기면 그림이 더 빨리 돌아가면서 잔상 효과가 더 확실해집니다.

Step 3 : 나무젓가락으로 돌리기

6 이번에는 나무젓가락을 이용해 새를 새장에 넣어 볼까요? 나무젓가락 앞뒤로 새와 새장 그림을 붙입니다.

7 두 손바닥으로 젓가락을 잡고 비비듯 돌리면 두 그림이 합쳐지는 것을 관찰할 수 있어요. 새가 새장 속에 들어가 있네요.

Tip 아이가 어리다면 고무줄로 돌리는 방법이 더 좋아요. 잔상이 남아 있는 시간은 길지 않기 때문에 젓가락의 경우 빨리 돌려야 두 개의 그림이 합쳐 보이거든요.

스피커놀이 6세 이상

꽥꽥~ 개굴개굴~
빨대 오리 빨대 개구리

빨대로 재미있는 소리를 만들 수 있어요. 꽤액~꽤액~ 오리 소리도 낼 수 있고, 여름밤 목청껏 노래하는 개구리 소리를 낼 수도 있어요. 정말 개구리랑 오리처럼 소리가 나는지 한번 해 볼까요?

놀이 목표
- 마찰로 소리 만들기
- 작은 소리를 크게 하기

교과 연계
- 탐구, 어떻게 할까요?

준비물
- 주름빨대, 종이컵, 셀로판테이프, 가위, 종이, 색연필

이 놀이는요~

마찰을 이용해 소리를 크게 내는 방법을 찾고, 그 소리를 더욱 확대할 수 있는 방법을 경험해 보는 놀이입니다.

Step 1: 빨대로 소리 내기

1 빨대를 이용해 소리를 만들어 봅니다. 어떤 방법으로 소리를 낼 수 있을까요?

> **Tip** 빨대로 소리를 만들어 보라고 하면 아이들은 보통 빨대를 입에 물고 불어 봅니다. 부는 방법 외에 빨대끼리 비벼 보기, 손으로 긁어 보기 등 다양한 방법을 찾아보세요.

2 빨대의 주름 부분을 손톱으로 긁어 소리를 내 보세요. 그리고 들리는 소리가 어떤 소리와 비슷한지 표현해 보도록 하세요.

"주름진 부분을 손톱으로 긁을 때 나는 소리는 어떤 소리와 비슷하니?"
"천천히 긁으니까 개구리 울음소리 같아요."

Step 2: 종이컵을 이용해 빨대 소리 키우기

3 개구리와 오리를 그려서 종이컵 양쪽에 붙입니다.

4 종이컵이 밑비닥에 연필로 구멍을 냅니다. ★ 너무 크게 뚫지는 마세요. 빨대가 빡빡하게 들어갈 수 있는 크기면 됩니다.

5 빨대의 주름이 없는 쪽 끝을 가로로 4등분한 후, 사진과 같이 종이컵 바닥에 셀로판테이프로 고정시킵니다.

> **Tip** 주름진 부분을 긁으면 개구리 소리와 비슷하고, 매끈한 부분을 손으로 훑으면 오리 소리와 비슷하게 난답니다.

6 빨대를 이용해 소리를 내 봅니다. 어떤 방법으로 낸 소리가 개구리 울음 소리와 비슷한가요? 오리의 울음 소리와 비슷한 소리도 내 보았나요? ★ 종이컵이 스피커 역할을 해서 앞의 놀이보다 소리를 더 크게 낼 수 있어요.

7 손에 물을 묻혀 훑어내려 보세요. 효과가 더욱 좋습니다. ★ 손에 물을 묻히면 마찰이 커져서 더 큰 소리가 납니다.

Part 2 오감자극 과학놀이

빛놀이
4세 이상

매일 나를 따라다녀요~ 그림자 그림

날씨가 너무 좋아 아이들 엉덩이가 들썩들썩 방안에만 있을 수가 없는 날이 있죠? 밖에 나가 자전거도 타고, 미끄럼도 탔는데 약간 심심해질 무렵 그림자 놀이를 해 보세요. 아이들 반응은 대박이랍니다!

놀이 목표
- 빛의 직진
- 그림자 알기

교과 연계
- 빛과 그림자

준비물
- 종이, 색연필, 화창한 날씨

이 놀이는요~

빛이 직진하는 성질을 이용한 놀이입니다. 빛은 구부러지지 않고 곧게 나아가는 성질을 가지고 있는데, 이를 '빛의 직진성'이라고 합니다. 하지만 물체가 빛을 가로막으면 빛은 더 이상 나아가지 못해서 검은 부분이 생기는데, 이 검은 부분이 바로 '그림자'입니다. 그림자가 왜 생기는지 이제 설명 가능하시겠죠?^^

1 그림자를 찾아봐요. 내 그림자뿐만 아니라 여러 가지 사물의 그림자를 찾아봅니다. 엄마와 아이의 그림자 크기도 비교해 보세요.

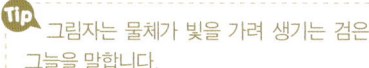

Tip 그림자는 물체가 빛을 가려 생기는 검은 그늘을 말합니다.

2 그림자를 합쳐 봐요. 친구끼리, 남매끼리 그림자를 합체해 보세요.

3 손가락 등 신체 일부로 그림자를 만든 후, 종이를 대고 따라 그려 봐요.

Tip 종이가 없다면 땅 위에 뾰족한 돌로 따라 그려도 훌륭한 놀이가 됩니다.

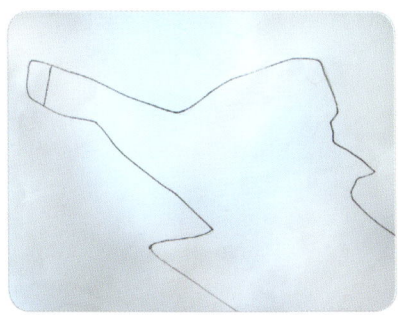 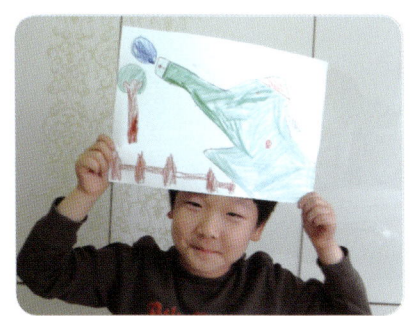

4 그림자를 본뜬 다음, 여러 방향으로 돌려 어떤 그림을 그릴 수 있는지 상상해 보고 그림자 본을 바탕으로 그림을 그려 보세요.

5 그림자가 멋진 코끼리로 변신했네요.

이렇게도 놀아요

그림자 맞히기 놀이

준비물 : 플래시, 여러 가지 사물(가위, 장난감 자동차, 칫솔 등)

① 문제를 맞힐 사람은 앞쪽에 앉아서 벽을 바라봅니다.
② 뒤쪽에 선 사람은 한 손에는 물건을 들고 다른 한 손으로 플래시를 들어 물건을 비춰 주세요. 플래시와 물건 사이의 거리를 조정해서 그림자가 명확해질 수 있도록 합니다.
③ 누가 누가 잘 맞히나 내기해 보세요.

Tip 제한시간을 정하고 놀면 한층 흥미진진해진답니다.
아이가 어릴 경우 가위, 빗 등과 같이 특징이 명확한 물건들을 준비해 주세요.

빨주노초파남보 # 무지개를 담은 상자

빛놀이
6세 이상

비 온 뒤 하늘에 떠 있는 무지개는 참 아름답죠? 그런데 하늘의 무지개를 상자 안에 넣으면 언제든지 볼 수 있다고 해요. 못 쓰는 CD를 이용하여 무지개 상자를 만들어 봐요.

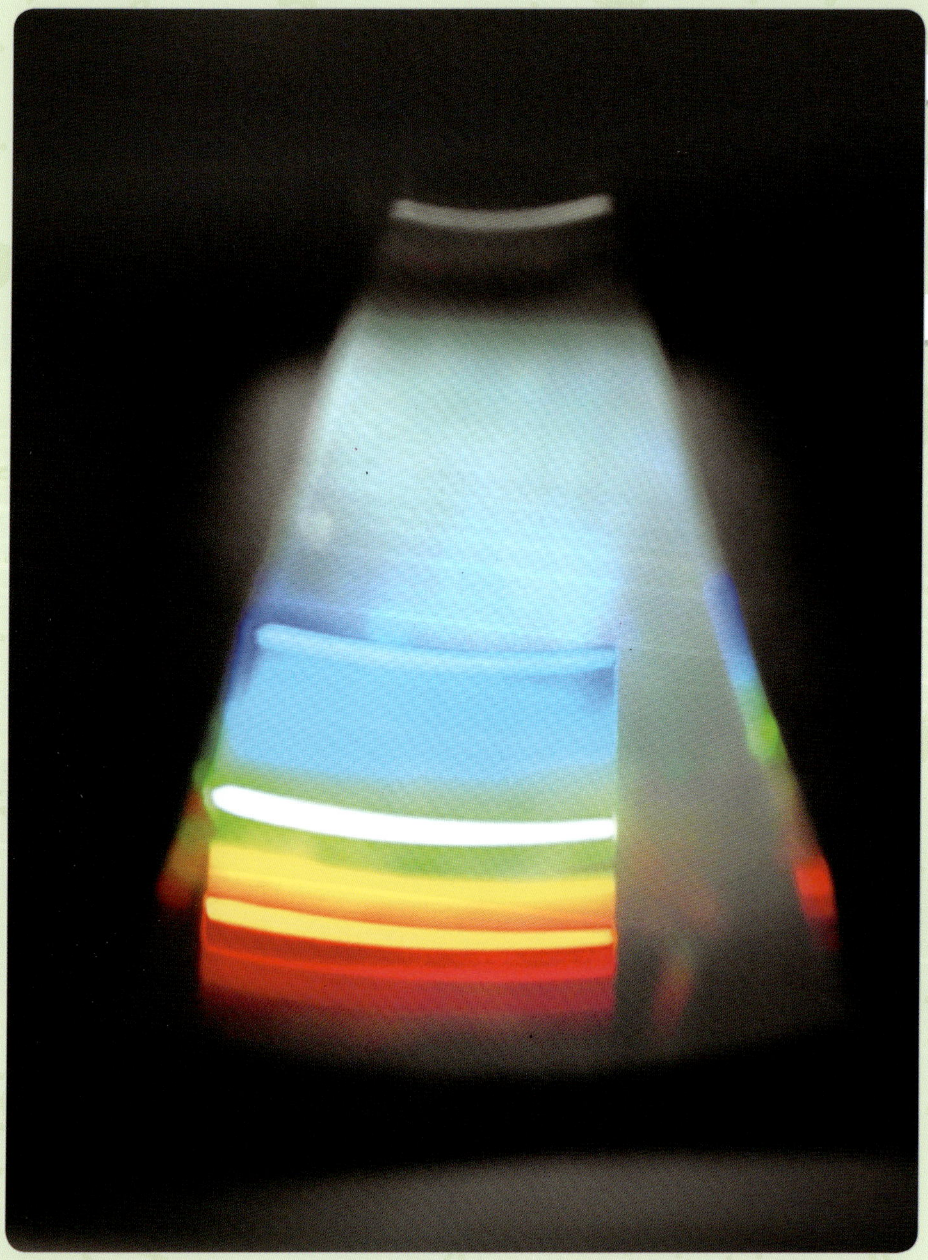

놀이 목표
- 빛의 성질

교과 연계
- 빛

준비물
- 그림 본(권말 부록), 안 쓰는 CD, 가위, 셀로판테이프

이 놀이는요~

빛이 여러 가지 원인으로 꺾이게 되면 다양한 색으로 나뉩니다. CD의 표면은 겉보기에는 매끈해 보이지만 실제로는 무수히 많은 틈이 있지요. 빛이 이 틈에 들어가 반사되면서 여러 각도로 퍼지게 되어 무지개를 만들어 냅니다.

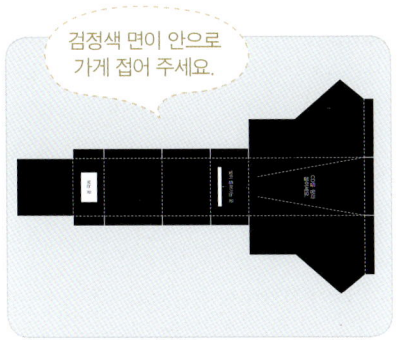

검정색 면이 안으로 가게 접어 주세요.

1 무지개에 대한 경험을 나눠 봐요. 비 온 뒤 하늘에 떠 있는 무지개를 본 적 있는지 이야기를 나누어 보고, 책이나 인터넷으로 보여 주세요.

2 CD 뒷면을 살펴보아요. 매끈한 뒷면을 이리저리 움직이면서 보면 여러 가지 색깔의 빛이 보입니다.

3 책의 권말에 제시된 본을 모양대로 오린 후 실선은 자르고, 점선은 접어 주세요. 큰 구멍과 얇은 구멍이 각각 한 개씩 있습니다.
★ 본 뒤에 두꺼운 도화지를 덧대어 튼튼하게 만들어도 좋아요.

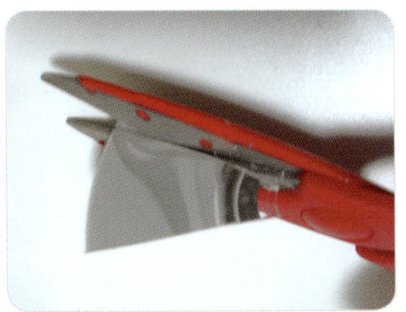

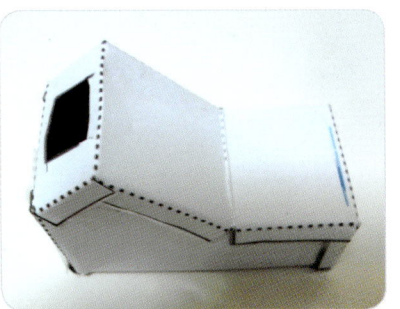

5 안 쓰는 CD를 본의 붙이는 부분에 맞게 가위로 오립니다.

6 자른 CD조각을 검은 면 위에 사진과 같이 양면테이프로 붙이세요.

7 본을 선대로 접은 후 셀로판테이프로 붙여 상자를 완성하세요. 큰 구멍이 눈을 대는 곳입니다.

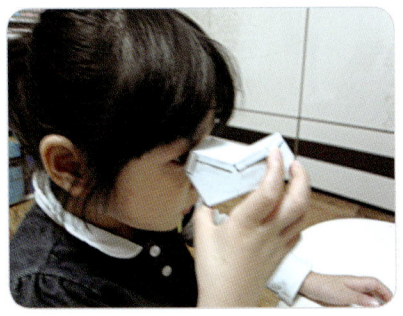

8 상자의 구멍에 눈을 대고 안을 들여다보세요. 무엇이 보이나요?

Tip 빛이 들어가는 곳은 항상 광원(빛을 내는 물체)을 향하게 합니다.

9 여러 가지 빛들을 관찰해 봐요. 형광등, 백열등, 햇빛, 가로등, 크리스마스 전구 등 빛을 내는 물체에 따라 조금씩 다른 무지개를 볼 수 있어요.

Part 2 오감자극 과학놀이

잔상놀이 7세 이상

빙글빙글 돌아라! CD로 만든 잔상팽이

팔을 벌리고 빙글빙글 돌면 나무도 꽃도 모양과 색이 변해요. 그렇다면 빠르게 돌아가는 팽이 위의 점은 어떨까요? 돌아가는 팽이는 점을 변신시킨답니다. 어떻게 변신시킬까요?

놀이 목표
- 잔상

교과 연계
- 우리 몸

준비물
- 안 쓰는 CD, 가위, 양면테이프, 구슬, 사인펜

이 놀이는요~

우리 눈에 이전의 자극이 기억되는 동안 새로운 자극이 들어오면 두 자극은 서로 겹쳐지게 되는데, 이러한 현상을 '잔상'이라고 합니다. 팽이가 빠르게 돌아가면서 팽이 위에 그려진 색과 모양이 변화하는 과정을 관찰할 수 있습니다.

1 빈 종이에 CD를 대고 따라 그린 후 모양대로 오려서 CD에 붙입니다.

2 구슬을 글루건이나 양면테이프로 CD 중앙에 꾹 눌러 끼워 주면 팽이 완성!

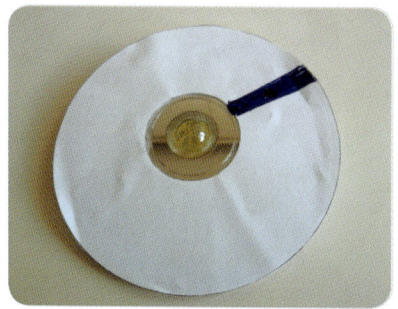

3 팽이의 안쪽에서 바깥쪽으로 두껍게 선을 하나 그립니다.

4 팽이를 돌려 선이 어떻게 변하는지 관찰합니다.

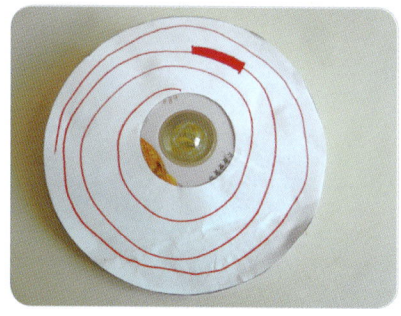

5 뱅글뱅글 모양으로도 선을 넣어 봐요.

6 팽이가 돌아가면서 굵은 선이 더 길어진 것처럼 보이며, 나선형으로 그린 선들이 마치 움직이는 것처럼 보이게 됩니다.

7 나만의 색팽이를 만들어 보세요. 팽이를 돌렸을 때 다양하고 예쁜 모양이 나타나게 하려면 어떻게 그려야 할지를 생각해 보며 만들어요.

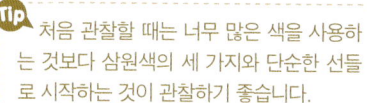

처음 관찰할 때는 너무 많은 색을 사용하는 것보다 삼원색의 세 가지와 단순한 선들로 시작하는 것이 관찰하기 좋습니다.

8 다양한 색을 이용하여 예쁜 모양의 팽이를 만들어 보고, 누구의 팽이가 더 오래 도는지 시합을 해 봐도 좋아요.

> 빛놀이
> **7**세 이상

동에 번쩍! 서에 번쩍! 사라진 물고기

컵 속에 종이로 만든 물고기를 넣어 볼까? 물고기가 젖으니까 지퍼백에 담아서 넣어야겠다.
이런, 물고기가 사라졌네? 물고기는 어디로 갔을까요?

놀이 목표
- 빛의 성질

교과 연계
- 빛

준비물
- 투명 유리컵, 물고기 그림, 지퍼백(작은 것), 유성펜, 가위

이 놀이는요~

공기 중의 빛은 직진하는 성질을 갖고 있지만, 직진하던 빛은 매질(통과하는 물질)에 따라 굴절합니다. 이 활동은 유리-물-비닐을 빛이 어떻게 통과하는가에 따라 그림이 보였다 사라졌다 하는 현상을 보여 주는 과학놀이입니다.

1 유리컵에 들어가는 사이즈의 지퍼백을 준비합니다. 지퍼백에 맞는 크기의 종이에 바닷속 풍경을 그린 후 지퍼백에 넣어요.

2 그림이 든 지퍼백을 물이 든 유리컵 속에 넣은 다음 정면에서 보세요. 물속과 물 밖의 모습이 모두 보입니다.

3 이번에는 컵의 위쪽에서 수직으로 그림을 관찰해 보세요. 물속에 들어간 부분의 그림은 보이지 않죠?

4 지퍼백을 꺼내 물기를 닦은 후, 지퍼백의 비닐 위에 유성펜으로 물고기 그림을 그려 다시 물이 담긴 컵 속에 넣습니다. ★ 새로운 지퍼백에 물고기 그림을 그린 후, 지퍼백 안의 그림을 옮겨 담아도 됩니다.

5 물속 그림을 정면에서 관찰해요. 그림이 보이죠?

6 컵의 위쪽에서 수직으로 그림을 관찰해 보세요. 물속 그림 중 비닐 위에 그려진 물고기만 보입니다.

> **Tip** 유리컵, 비닐, 물 모두 투명해서 빛이 똑같이 통과해서 지나가는 것처럼 보이지만 각각의 경우마다 빛의 굴절률이 다릅니다. 따라서 비닐 안의 그림은 보이지 않지만 비닐 위에 그려진 물고기는 보이게 됩니다.

신나게 날아가요
빨대 헬리콥터 날리기

양력놀이
5세 이상

두두두~ 헬리콥터가 날아가는 것을 본 적이 있나요? 빠르게 돌아가는 프로펠러를 이용하여 하늘을 나는 헬리콥터. 종이와 빨대로 헬리콥터를 만들어 날려 보세요. 신나는 하루가 될 거예요.

놀이 목표
- 공기의 힘

교과 연계
- 에너지와 도구

준비물
- 굵은 빨대, 두꺼운 도화지, 셀로판테이프, 나무젓가락, 스티커, 사인펜

이 놀이는요~

비행기, 헬리콥터, 보트 등에는 모두 프로펠러가 달려 있어요. 2개 이상의 날개 모양으로 되어 있는 프로펠러는 돌아가는 힘(회전력)을 앞으로 전진하는 힘(추진력)으로 바꾸어 주는 장치예요. 프로펠러를 만들어 날려 보며, 프로펠러의 원리를 익혀 봐요.

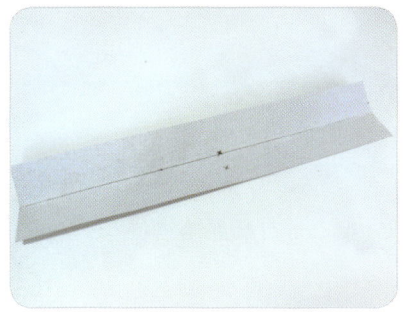

1 두꺼운 도화지를 4×12cm 크기로 자른 후, 길게 반으로 접었다 편 다음 중앙을 표시합니다.

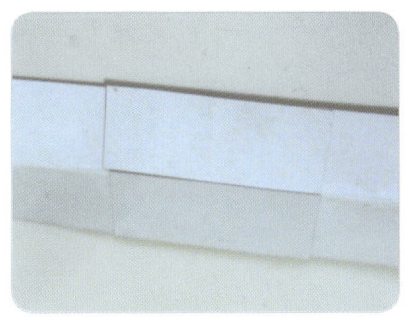

2 두꺼운 도화지를 2×6cm로 두 장 자른 후 1의 바깥면 중앙에 나란히 덧대어 줍니다. ★ 중앙 부분은 회전시 중심을 잡아야 하므로 두껍게 만듭니다.

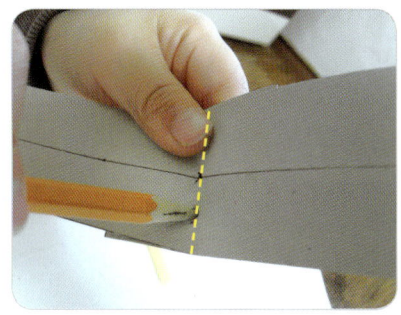

3 도화지를 다시 뒤집어 한쪽면 중앙에 빨대 크기만큼 연필로 구멍을 뚫습니다.

4 가위집을 넣은 빨대를 구멍에 끼운 후, 가위집을 벌려 테이프로 고정시켜 주세요.
★ 도화지의 폭이 좁기 때문에 빨대의 벌린 부분이 조금 겹쳐지게 됩니다.

5 두 면을 풀이나 양면테이프 등을 이용해 붙여 주세요. 양쪽 끝은 동그랗게 잘라 줍니다.

회전 시에 벌어지지 않도록 단단히 붙입니다.

6 스티커와 사인펜 등을 이용하여 프로펠러를 예쁘게 꾸며 주세요.

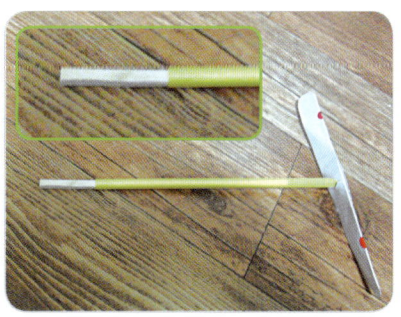

7 손잡이가 힘이 없거나 흔들릴 경우 빨대 끝을 조금 잘라낸 후, 나무젓가락을 끼우고 테이프로 고정시켜 주세요.

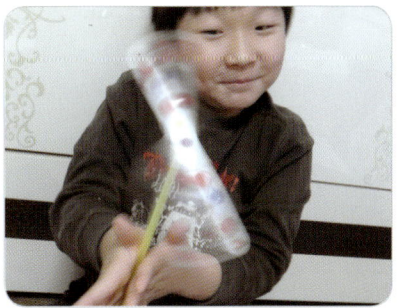

8 프로펠러를 날리려면 어떻게 해야 할지 생각해 보게 하세요. 프로펠러의 손잡이를 손바닥에 올려놓고, 다른 손바닥으로 힘차게 밀면 빨대가 회전하면서 날아갑니다.

Tip 손잡이를 똑바로 세워서 날릴 경우 프로펠러는 수직 방향(위아래)으로 움직이고, 손잡이를 앞으로 기울여 날릴 경우 프로펠러는 앞쪽을 향해 멀리 날아갑니다.

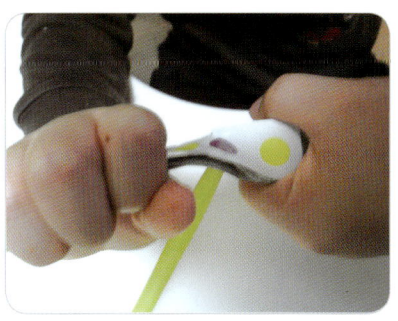

9 프로펠러를 살짝 변형해 봐요. 프로펠러의 날개를 잡고 서로 반대쪽으로 살짝 비틀어 주세요. 한 번은 오른쪽으로 돌려 날려 보고, 한 번은 왼쪽으로 돌려 날려 보세요.

Tip 프로펠러의 회전 방향이 날개가 위로 올라간 쪽일 경우 프로펠러는 위로 떠오르고, 반대로 날개가 아래로 향한 쪽이 회전 방향에 있을 경우 프로펠러는 아래쪽을 향해 날아갑니다.

울림놀이 6세 이상

나는 피리 부는 멋쟁이 요구르트 피리

요구르트가 너무 맛있어서 한입에 꿀꺽~ 다 마시고 말았어요. 그랬더니 내 손에는 빈 요구르트병뿐. 이 병으로 무얼 만들면 좋을까요? 멋진 피리 부는 사나이로 변신해 볼까요?

놀이 목표
- 소리의 공명

교과 연계
- 탐구, 어떻게 할까요?

준비물
- 요구르트병, 주름빨대,
  * 주름빨대 중 너무 굵은 빨대로는 피리 소리를 낼 수 없어요.

이 놀이는요~

요구르트병의 공기가 떨려서 내는 소리를 경험해 보는 활동입니다. 이때 요구르트병은 소리를 울리게 만들어 주는 울림통 역할을 하게 됩니다. 울림통의 크기와 길이에 따라 소리도 달라집니다. 다양한 크기의 병을 활용하여 시도해 보세요.

1 빈 요구르트병에서 나는 소리를 들어 보세요. 두드려 보고, 떨어뜨려도 보세요.

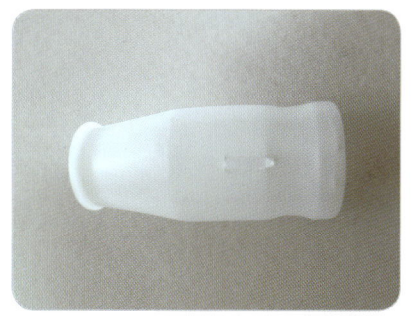

2 요구르트병의 아래쪽에 0.3×1cm 크기의 작은 구멍을 만들어 주세요.

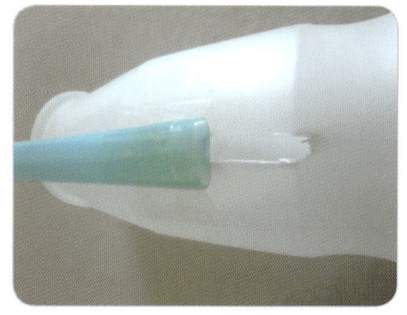

3 주름빨대의 짧은 쪽을 구멍 바로 위쪽에 셀로판테이프로 붙이세요. 색종이로 요구르트병을 꾸며 주어도 좋아요.

> **Tip** 공기가 잘 들어가게 빨대를 살짝 눌러 주듯이 붙이세요.

4 자, 이제 피리를 불어 볼까요? 처음에는 그냥 불어 보세요. 어떤 소리가 나는지 말로 표현해 보세요.

"피리에서 어떤 소리가 나니?"
"뿌 소리가 나요. 코끼리 방구 소리 같아요."

5 병의 입구를 반쯤 막고 피리를 불어 보세요. 소리가 어떻게 달라졌나요? ★ 병의 입구를 막으면 낮은 소리가 납니다.

6 병의 입구를 완전히 막고 피리를 불어 보세요. 병의 입구를 손으로 막을수록 점점 낮은 소리가 나고, 반대로 입구를 열수록 점점 높은 소리가 납니다.

> **Tip** 소리는 진동할 수 있는 공간의 크기에 따라 높낮이가 달라집니다.

이렇게도 놀아요

부엉이 울음소리

음료수 캔에서 따개를 떼어 내고 그 자리에 빨대를 붙여 불어 보세요. 멋진 부엉이 소리가 난답니다.

탐색놀이
4세 이상

맛과 코의 관계
눈 가리고 맛보기

감기로 코가 막힌 뽀로로가 달콤한 딸기우유를 먹었는데 맛이 안 난다고 투덜대고 있네요.
코가 막혀서 냄새를 못 맡는 건 이해가 되는데 왜 맛도 모르게 되는 거죠? 맛과 코의 관계를 알아봐요.

놀이 목표
- 우리 몸의 감각기관

교과 연계
- 우리 몸

준비물
- 여러 가지 맛의 우유(바나나, 딸기, 초코, 흰 우유) 또는 다양한 맛의 주스, 빨대, 눈 가리개

이 놀이는요~

보통 맛은 혀로 느낀다고 알고 있죠? 하지만 순수하게 혀로 느끼는 맛은 몇 가지밖에 안 돼요. 코를 막고 음식의 맛을 구별해 보는 놀이를 통해, 우리 몸은 혀뿐만 아니라 후각이나 촉각의 도움에 의해 더욱 풍부한 맛을 느낄 수 있다는 것을 체험할 수 있답니다.

1 다양한 음식들을 맛보면서 맛을 표현해 보세요. 단맛, 쓴맛, 신맛, 짠맛, 매운맛 이외에 시큼한 맛, 새콤한 맛, 새콤달콤한 맛, 얼얼한 맛, 포도맛, 딸기맛 등 다양한 어휘를 떠올릴 수 있게 도와주세요.

Tip 사람이 느끼는 여러 가지 맛 중에서 혀로 느끼는 맛은 '단맛, 짠맛, 신맛, 쓴맛'뿐이라는 걸 알려 주세요. 매운 맛은 혀로 느끼는 맛이 아니라 피부로 느끼는 통증입니다.

2 바나나, 딸기, 초코, 흰 우유 등 다양한 맛의 우유를 컵에 따라 준비해 주세요.

3 준비한 우유들을 코를 막지 않고 한 모금씩 마셔 본 후, 각각 어떤 맛이 나는지 표현해 보도록 하세요.

4 이번에는 눈을 가리고 손으로 코를 막은 후, 우유를 마시고 어떤 맛의 우유인지 맞혀 봅니다.

Tip 우유가 다 넘어갈 때까지 코에서 손을 떼지 않도록 해 주세요. 아이의 눈을 가린 후 우유의 순서를 섞어 주면 더욱 재미있겠죠?

5 두 가지 맛을 섞어서 동시에 마시면 어떤 맛이 날까요? 흰 우유와 바나나 우유를 빨대로 동시에 마셔 보고, 어떤 맛이 나는지 이야기해 보게 하세요.

6 바나나 우유와 초코 우유, 초코 우유와 딸기 우유 등 두 가지 우유를 동시에 마셔 보고, 3~4가지 맛도 도전해 봅니다.

> 탐색놀이
> 6세 이상

3D 입체안경

집에서도 3D를 즐긴다!

3D 영화를 집에서 보려는데 입체안경이 가족 수보다 모자라거나 3D 책에 있던 입체안경을 잃어버렸을 때 참 곤란하시죠? 빨간색과 파란색 셀로판지만 있으면 간단히 만들 수 있어요. 그냥 끼고 놀아도 재미있답니다.

놀이 목표
- 사람의 눈이 두 개인 이유 탐색
- 입체 영상의 원리 탐색

교과 연계
- 우리 몸

준비물
- 셀로판지(빨간색, 파란색, 노란색), 두꺼운 도화지, 셀로판테이프, 색종이

이 놀이는요~

연필을 손에 들고 한쪽씩 눈을 가리고 보면, 오른쪽 눈과 왼쪽 눈이 보는 연필의 위치가 조금 다르죠? 사람의 눈은 2개인데, 각각의 눈으로 들어온 정보가 뇌에서 하나로 합쳐지는 과정을 통해 원근감을 알 수 있게 된답니다. 3D의 원리도 이와 같아요. 적청안경을 만들어 3D의 원리를 접해 봐요.

Step 1: 셀로판지 탐색하기

1 파랑, 빨강, 노랑, 연두색 색종이를 가지런히 놓고, 눈에 셀로판지를 대고 색종이가 어떻게 보이는지 관찰합니다.

2 빨간색 셀로판지로 보았을 경우입니다. 첫 번째인 파란색 색종이를 빨간색 셀로판지로 보니 보라색으로 보이는 것을 관찰할 수 있습니다.

3 노란색 셀로판지로 보았을 경우입니다. 파란색 색종이가 초록색으로 보입니다.

> **Tip** 같은 색 셀로판지를 두 장 겹쳐서 보면 색 변화가 좀 더 확실하게 관찰됩니다.

Step 2: 입체안경(적청안경) 만들기

4 두꺼운 도화지로 안경 본을 만든 후 한쪽에는 파란색 셀로판지를, 다른 한쪽에는 빨간색 셀로판지를 붙여 주세요.

> **Tip** 셀로판지가 한 겹인 깃보다 두 겹일 때 더 잘 보입니다.

5 4의 안경을 반으로 접은 후, 아랫부분을 셀로판테이프로 붙여 줍니다. 안경을 예쁘게 꾸민 후, 안경을 쓰고 색종이를 관찰해 보세요.

입체안경의 원리
입체사진은 하나의 사물을 우리의 눈처럼 두 개의 각도에서 각각 촬영하여 청색과 적색으로 구성한 뒤 이 두 영상을 하나로 겹쳐서 만들어 냅니다. 이 사진을 적청안경을 착용하고 감상하면 우리의 눈은 각각에 해당하는 영상을 다시 우리의 뇌에서 합성시키기 때문에 입체로 느끼게 됩니다.

Step 3: 입체안경으로 관찰하기

6 입체안경을 쓰고 위의 그림을 보세요.
① 한쪽 눈을 가리고 빨간색 쪽으로만 보세요. - 파란 그림이 도드라져 보입니다.
② 한쪽 눈을 가리고 파란색 쪽으로만 보세요. - 빨간 그림이 도드라져 보입니다.
③ 입체안경으로 관찰하세요.

PART 3

눈에 보이지 않는 과학
공기가 과학이래요

'공기'는 유아 및 초등 과학에서 가장 기본적이면서 가장 중요한 물질이에요.

공기는 눈에 보이지 않지만 우리 주변은 공기로 가득 차 있어요.

이번 놀이들을 통해 우리 주위에 공기가 있음을 알고,

공기의 힘을 경험해 보는 놀이입니다.

풍선, 빨대, 컵을 이용해 눈에 보이지 않는

공기의 세계로 들어가 볼까요?

공기관찰놀이
4세 이상

공기는 힘이 세 쫙 펴져라 고무장갑

고무장갑을 벗다가 잘못해서 손가락이 뒤집어졌대요. 손가락을 하나씩 하나씩 빼자니 너무 귀찮은데, 한방에 쫙 빼낼 수 있는 방법은 뭐 없을까요?

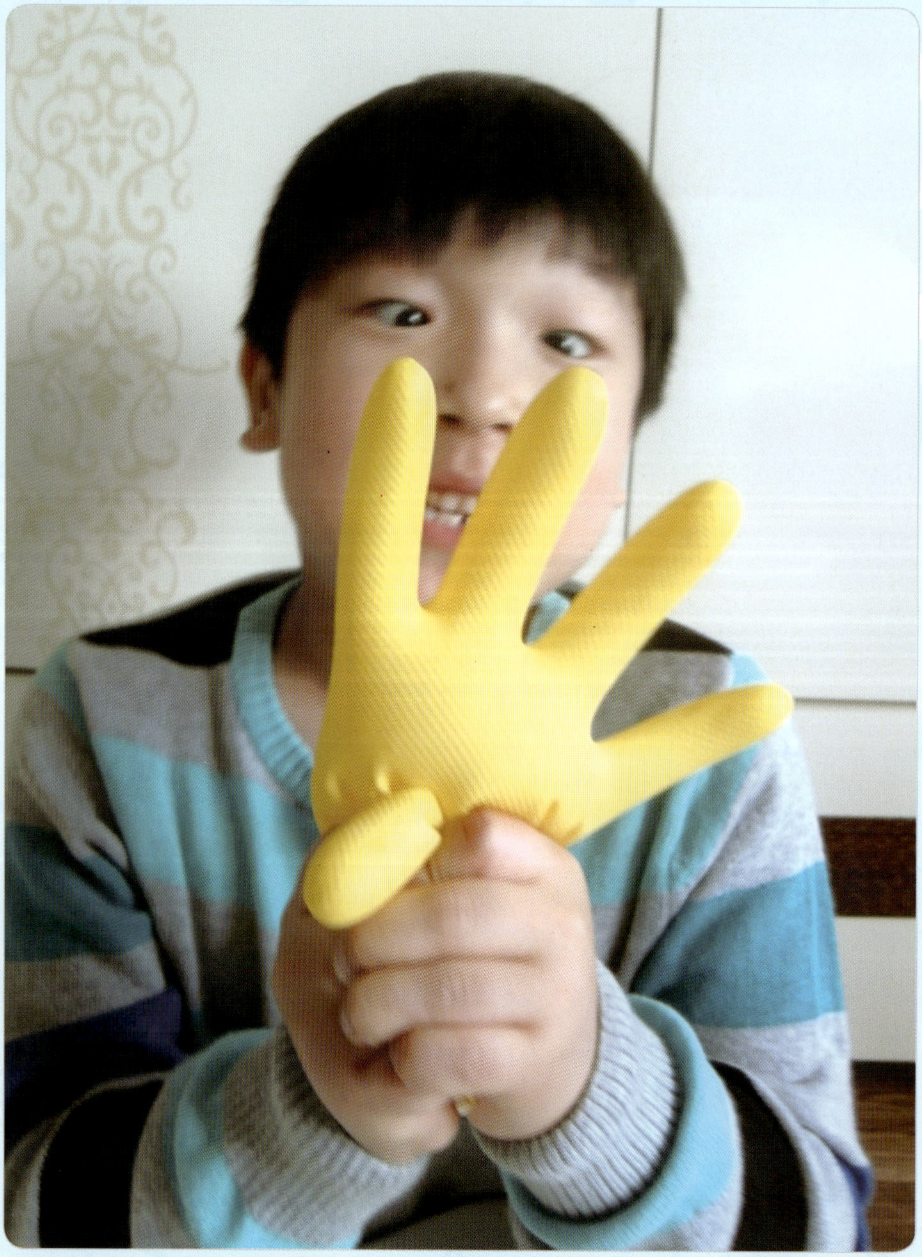

놀이 목표
- 공기의 존재

교과 연계
- 액체와 기체의 부피

준비물
- 고무장갑, 비닐장갑, 그릇, 고무줄, 색종이, 셀로판테이프

이 놀이는요~

눈에 보이지 않는 공기가 우리 주변에 있음을 아이에게 어떻게 설명해 줄까요? 이 활동은 눈에 보이지 않는 공기를 고무장갑 안에 모아 보여 주는 과학놀이입니다. 엄마 눈에는 다소 단순하게 느껴지겠지만, 아이들에게 공기의 존재를 가르칠 때 매우 유용하답니다.

Step 1: 고무장갑 탐색하기

  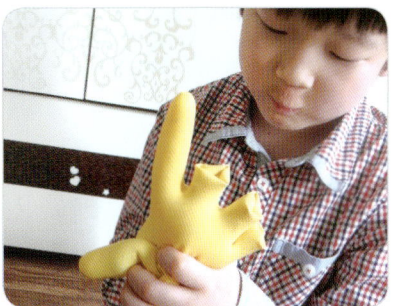

1 손가락이 안으로 들어가게 고무장갑을 뒤집은 후, 아이에게 손가락을 꺼내 달라고 부탁해 보세요.

2 손가락을 꺼내 보라고 하면 아이들은 보통 손으로 하나씩 꺼내려고 합니다. 다른 방법도 찾아봐요. 안쪽으로 손을 집어 넣어 미는 방법도 있겠죠? 또 다른 방법은 없을까요?
★ 아이가 고무장갑을 충분히 탐색할 수 있도록 기다려 주세요.

3 고무장갑의 손가락이 한번에 쏙 올라올 수 있는 방법을 생각해 봐요. 고무장갑 안에 바람을 넣고 입구를 꼭 쥐고 누르면 손가락이 쏙쏙 빠져나옵니다.

> **Tip** 고무장갑 속에 갇힌 공기들이 고무장갑의 손가락들을 빼 줍니다. 이를 통해 아이들은 눈에 보이지 않지만 공기가 존재한다는 것을 이해할 수 있습니다.

Step 2: 비닐장갑 부풀리기

 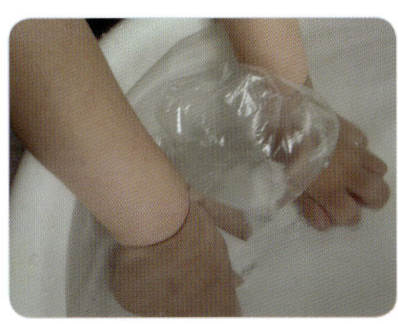 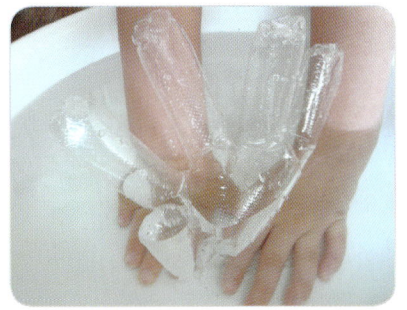

4 손가락이 안으로 들어가게 비닐장갑을 뒤집은 후, 손가락을 펴는 여러 가지 방법들을 생각해 보게 하세요. (예: 입으로 바람 넣기, 드라이기로 바람 넣기, 공기 주입기 사용하기 등)

5 뒤집힌 비닐장갑을 똑바로 세워서 물속에 넣어 보세요. 입구를 손으로 넓게 벌려 물에 수직으로 넣어 주세요.

6 입구를 꼭 쥐지 않아도 비닐장갑이 부풀면서 손가락들이 펴집니다.

> **Tip** 장갑이 저절로 부풀어오르는 이유는 물이 공기가 다른 곳으로 도망가지 못하게 가두어 주기 때문입니다.

Step 3: 비닐장갑 닭 만들기

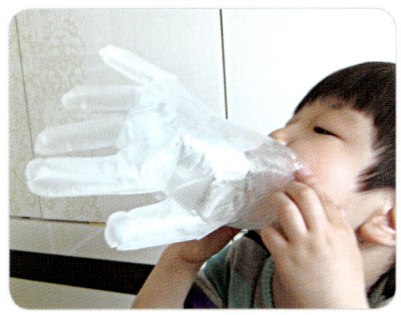 

7 일회용 비닐장갑에 바람을 불어 넣은 후, 입구를 고무줄로 단단히 묶어 줍니다.

8 닭의 부리, 벼슬, 날개 등으로 장갑 닭을 꾸며 주세요. 엄지손가락이 닭의 머리에 해당해요.

탄성놀이
5세 이상

바람의 힘을 느껴요! 풍선 공기총 놀이

우리 주변에 있는 공기는 가만히 있지 않아요. 멋대로 여러 방향으로 자유롭게 돌아다니지요.
이 공기를 모아 한꺼번에 순간적으로 내보내면 어떤 일이 벌어질까요?

놀이 목표
- 바람 에너지 체험
- 풍선의 탄성 관찰

교과 연계
- 에너지와 도구

준비물
- 500ml 페트병, 풍선, 가위, 넓은 테이프, 색종이

이 놀이는요~

공기를 순간적으로 밀어 내어 센 바람을 만들어 보는 활동입니다. 센 바람은 일을 할 수 있는 에너지를 갖게 된다는 것도 경험할 수 있지요. 순간적으로 공기를 밀어 내려면 풍선처럼 탄성을 가진 재료를 활용하면 편리해요. 실험 전에 아이와 다양한 방법을 생각해 보는 것은 과학 뇌가 자라는 소중한 순간이니 건너뛰지 마시고 꼭 아이와 함께해 주세요.

Step 1: 바람 만들기

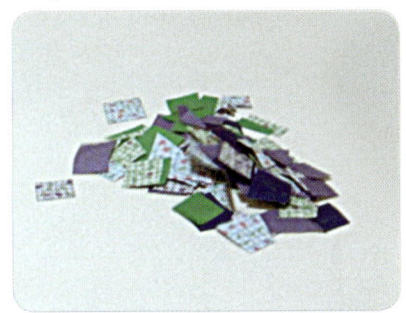

1 색종이를 잘라 바닥에 쌓아 놓고 손을 대지 않고 움직이게 할 수 있는 방법을 생각해 봐요.

2 입으로 불어서 색종이를 움직여 봅니다. 입으로 부는 것 이외에도 다양한 방법을 생각해 볼 수 있도록 도와주세요. 예) 손으로 바람 만들기, 부채로 부치기

3 페트병을 이용해서 더 센 바람을 만들어 볼까요? 페트병 가운데를 순간적으로 세게 누르면 안에 있는 공기가 한꺼번에 몰려 나와 센 바람을 만들 수 있어요.

Step 2: 풍선 공기총 만들기

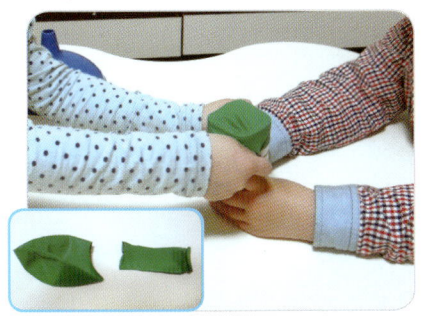

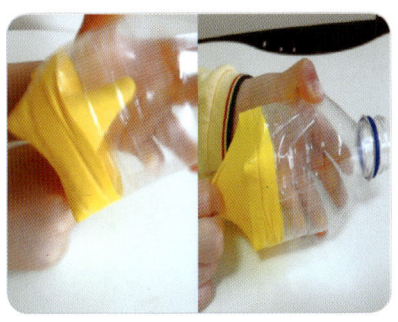

4 500ml 페트병을 반으로 자른 후, 입구 쪽을 자른 풍선을 페트병 위에 씌웁니다.

5 4를 폭이 넓은 테이프로 고정시킵니다. 풍선을 잡아당겨야 하므로 단단히 고정시켜야 합니다.

6 센 바람을 만들려면 어떻게 해야 할지 생각해 봐요. 풍선을 안쪽으로 순간적으로 눌렀을 때와 밖으로 잡아당겨 탁 하고 놓았을 때 바람의 세기가 어떻게 다른지 비교해 보세요.

 **실험 속 과학원리**

풍선을 안쪽으로 누르는 것은 병 내부에 있는 공기가 그대로 밀려 나오는 것이지만, 풍선을 잡아당기면 공간이 넓어져 페트병 내부의 공기 양이 많아져요. 그때 풍선을 놓으면 한 순간에 공기가 좁은 입구로 밀려 나가게 되어 센 바람이 생기게 됩니다.

7 얼굴에 대고 풍선을 잡아당겼다 놓으며 바람의 세기를 느껴 봅니다.

8 풍선을 잡아당겼다 놓아서 공기총을 색종이 조각들에 대고 발사해 봐요. 종이를 누가 더 멀리 보낼 수 있는지 시합해 보세요.

탄성놀이
7세 이상

풍선이야 고슴도치야?
찔러도 터지지 않는 풍선

풍선에 뾰족한 바늘이 닿으면 어떻게 될까요? 뻥~ 하고 터진다고요? 그런데 뾰족뾰족한 가시를 꽂아도 터지지 않는 풍선이 있대요. 어떤 마술을 쓴 걸까요?

놀이 목표
- 고무의 탄성 알기

교과 연계
- 탐구, 어떻게 할까요?

준비물
- 풍선, 바늘, 꼬치막대, 폭이 넓은 셀로판테이프

이 놀이는요~

풍선은 탄성이 좋은 고무로 만들어졌기 때문에, 바람을 넣으면 잘 늘어나고 바람이 빠지면 금방 원래 모습으로 돌아갑니다. 풍선을 크게 불면 풍선이 늘어나면서 표면이 얇아지고 풍선의 색도 옅어져 조금은 투명해지기도 하지요. 이때 바늘로 풍선을 찌르면 풍선이 펑! 하고 터져요. 하지만 셀로판테이프를 미리 붙이고 바늘로 찌르면 터지려는 풍선의 표면을 꽉 잡아 주기 때문에, 뾰족한 바늘로 찔러도 터지지 않게 됩니다.

1 풍선을 불어 보세요. 그리고 풍선의 변화를 생각해 보게 하세요.

"풍선이 어떻게 변했을까?"
"아까는 납작했는데 지금은 공처럼 동그래졌어요."

2 바늘로 풍선을 찌르면 어떻게 될지 이야기 나눈 후, 찔러서 터뜨려 봐요. 또한 바늘로 찌르는 것 외에 풍선을 터뜨릴 수 있는 다양한 방법에 대해 이야기를 나눠 봐요.
예) 풍선을 계속 불기, 풍선 깔고 앉기

Tip 풍선을 찌르면 풍선 안쪽의 공기가 작은 구멍으로 한꺼번에 밀려 나오고 또 바람이 빠지는 풍선의 원래 크기로 돌아가려고 하는 힘이 동시에 작용하기 때문에 풍선이 뻥 하고 터지게 됩니다.

3 이번에는 크게 분 풍선에 셀로판테이프를 붙이세요. 두 겹으로 붙여도 좋아요.

바늘에 찢어져서 흰색으로 보임

4 테이프를 붙인 자리를 바늘로 찔러 보세요. 신기하게도 풍선이 터지지 않습니다. 바늘을 빼고 풍선을 살펴보세요.

Tip 바늘을 꽂는 각도와 부푼 풍선의 크기에 의해 바늘 구멍만 남아 있기도 하고, 바늘 구멍 주변이 찢어진 흔적을 관찰할 수도 있습니다.

5 셀로판테이프를 풍선에 붙이고 바늘보다 두꺼운 꼬치막대로도 도전해 보세요.

6 테이프를 붙이지 않고 바늘로 찔러도 풍선이 터지지 않는 곳이 있대요! 어디인지 찾아보세요. ★ Hint: 고무풍선에서 탄성이 제일 작은 곳으로 풍선을 불었을 때 가장 늘어나지 않는 곳, 그래서 색이 가장 진한 곳입니다.

7 정답은 풍선 입구의 반대쪽이에요. 가운데 진한 부분을 바늘로 천천히 찔러 보세요.

Tip 다른 부분은 공기가 들어가서 고무가 늘어난 만큼 빨리 수축하려고 하면서 터지지만, 이 부분은 많이 늘어나지 않는 부분이어서 터지지 않습니다.

8 바늘을 여러 개 꽂아 봅니다. 몇 개까지 가능한지 신기록에 도전해 봐도 좋겠죠?

빨대가 쏙쏙 꽂혀요! ## 사과 고슴도치

공기관찰놀이
5세 이상

식사 시간이 되어서 요리하느라 바쁜데 아이들이 놀아 달라고 조를 때 참 난감하시죠? 이제 이럴 때는 냉장고 속 애플맨에게 도움을 요청해 보세요. 매끈하고 단단한 사과에 빨대만 꽂으면 고슴도치 변신 완료!

놀이 목표
- 공기의 힘과 압력

교과 연계
- 액체와 기체의 부피

준비물
- 사과, 굵기가 다른 빨대, 이쑤시개

이 놀이는요~

빨대는 누구든 손쉽게 구부릴 수 있을 만큼 약해 보이지요. 그러나 이 빨대 속에 들어 있는 공기를 가두어 둔다면 빨대는 사과를 뚫고 들어갈 수 있는 힘을 가지게 됩니다. 눈에 보이지 않는 공기의 힘을 관찰할 수 있는 놀이입니다.

1 매끈매끈한 사과 표면을 관찰해 봐요. 사과를 만져 본 후, 말로 설명해 봅니다.
"사과의 겉을 만져 보니 어때?"
"딱딱해요." "매끈매끈해요." "동그래요."

2 사과에 이쑤시개를 꽂아 보세요. 끝이 뾰족하고 단단한 이쑤시개는 잘 들어갑니다.

3 사과에 우유빨대를 꽂아 보세요. 뾰족한 쪽이랑 뭉툭한 쪽으로 각각 꽂아 봅니다. 이쑤시개와 우유빨대 중에 어느 것이 더 잘 들어가는지 확인해 보세요.

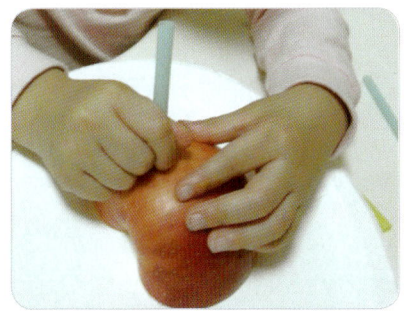

4 이번에는 두꺼운 음료수 빨대를 꽂아 봐요. 자꾸 구부러지고 잘 들어가지 않죠? 어떻게 하면 빨대를 사과에 꽂을 수 있을지 생각해 보고 시도해 주세요. ★ 빨대 끝을 꼭 누르거나 빨대가 구부러진 상태에서 꽂으면 꽂아집니다.

5 음료수 빨대의 끝을 손으로 막고 꽂아 봅니다. 잘 꽂아지죠? 잘 꽂아지는 이유를 생각해 봐요.

Tip 잘 구부러지는 빨대도 빨대의 위쪽을 막으면 빨대 속에 가득 찬 공기 때문에 단단한 사과에 꽂을 수 있답니다.

6 집에 있는 여러 가지 빨대들을 다 꽂아 보세요. 또 사과 대신에 배, 감자, 무, 고구마 등 집에 있는 다양한 재료들을 이용해 보세요.

이렇게도 놀아요

페트병 찌그러뜨리기

빈 페트병을 납작하게 찌그러뜨려 봐요. 페트병 속에는 눈에 보이지 않지만 공기가 가득 차 있고, 공기가 차 있으면 물체가 단단해진다는 사실을 알 수 있는 놀이입니다.
① 먼저 뚜껑을 닫은 채 페트병을 밟아 봅니다.
② 이번에는 뚜껑을 열고 밟아 봅니다.
③ 어떤 것이 잘 찌그러졌는지 비교해 보고, 그 이유도 생각해 봅니다.
한쪽 끝을 막은 빨대가 힘이 센 것도 바로 이 '공기' 때문이었다는 사실, 이제 잘 이해되셨죠?

공기관찰놀이
7세 이상

공기의 원리로 놀아요 — 종이인형의 바닷속 구경

종이인형이 바닷속 세상을 구경하고 싶대요. 종이로 된 인형이라 물에 젖으면 망가질 텐데, 어떻게 하면 인형이 물에 젖지 않고 바닷속을 구경하고 올 수 있을까요?

놀이 목표
- 부피를 가진 공기

교과 연계
- 액체와 기체의 부피

준비물
- 스티로폼(얇은 것, 5×3cm), 2L 페트병, 세숫대야

이 놀이는요~

페트병 속은 텅 비어 있는 것 같지만 사실 공기로 가득 차 있답니다. 공기가 빠져나갈 곳이 없다면 공기가 차지하고 있는 공간으로는 물이 들어오지 못하지요. 공기가 일정한 부피를 가지고 있다는 것을 알고, 이를 응용해 보는 활동입니다.

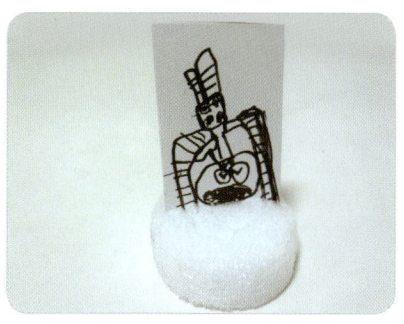

1 물속 구경을 할 종이인형을 그려 준비해 주세요. 준비된 스티로폼 조각에 살짝 칼집을 내 인형을 끼웁니다.

2 종이인형을 물 위에 띄우세요. ★ 세숫대야에 물감을 살짝 풀어 주시면 물의 움직임을 관찰하기 더 좋습니다.

3 아래쪽 1/3을 잘라 낸 페트병을 뚜껑을 닫은 채 인형 위로 덮어 씌우듯 물속으로 바닥까지 넣었다가, 천천히 위로 들어 올리고 종이인형을 꺼내 관찰해 보세요.

> **Tip** 페트병 속 공기가 물을 밀어 내어, 페트병 속은 물이 차지 않고 세숫대야 바닥이 보입니다. 또한 종이인형도 바닥에 위치합니다. 종이인형이 젖지 않아요.

4 3번처럼 뚜껑을 닫고 인형과 함께 물속으로 밀어 넣어 보세요. 그 상태에서 병뚜껑을 열면 물이 밀려 들어오면서 인형이 위로 올라옵니다. 그 이유를 생각해 보세요.

> **Tip** 페트병의 안쪽 공간은 공기가 이미 채우고 있으므로 공기가 빠져나가지 않으면 그 안으로 물이 들어올 수 없습니다. 뚜껑을 열면 페트병 속 공기가 빠져나가면서, 공기가 빠진 만큼 물이 밀려 올라오게 됩니다.

5 처음부터 페트병 뚜껑을 열고 넣어 보세요. 인형이 잠수하지 않고 그 자리에 그대로 있습니다.

6 뚜껑 대신 작은 풍선을 끼우고, 페트병을 물속에 넣어 보세요. 병 속의 공기는 풍선으로 이동하여 풍선이 부풀고 병 속에는 물이 들어가 있음을 관찰할 수 있습니다.

> **Tip** 풍선을 미리 몇 번 불어 늘여 놓으면 탄성이 줄어 실험이 더 잘됩니다. 또한 풍선을 손으로 살짝 세워 주어야 공기의 이동이 용이합니다.

페트병으로 물 들어올리기

1/3을 잘라 낸 페트병을 뚜껑을 연 상태에서 물속에 넣었다가, 뚜껑을 닫고 천천히 들어올려 보세요. 페트병이 물 밖으로 나오기 전까지 페트병 속의 물이 떨어지지 않습니다.

Part 3 공기가 과학이래요 **079**

기압놀이 4세 이상

하나 둘 셋 발사! 고무공 에어로켓

집집마다 한두 개씩 있는 작은 공으로 어떤 놀이를 할 수 있을까요? 바닥에 튕기기? 아니면 던지고 받기? 오늘은 집에 굴러다니는 볼풀공을 이용해 로켓을 쏘며 신나게 놀아 보기로 해요.

놀이 목표
- 공기의 힘 경험하기
- 공기로 물체 밀어 내기

교과 연계
- 여러 가지 기체

준비물
- 작은 공(볼풀공), 굵기가 다른 빨대 2개, 로켓 그림

이 놀이는요~

보이지 않지만 우리 주변은 공기로 가득 차 있습니다. 이 놀이는 우리 주위에 공기가 있음을 알고, 공기의 힘을 경험해 보는 놀이입니다. 공기는 가볍지만 공기를 모아 한꺼번에 내보내면 큰 힘을 발휘한답니다. 공기에 대해 이야기할 때 기체, 액체, 고체라는 물질의 세 가지 상태에 대해 설명해 줘도 좋습니다.

Step 1: 공 속의 공기 알기

1 공 탐색하기 공을 만져 보고, 눌러 보고, 바닥에 튕겨 보는 등 다양하게 탐색해 보며, 공 속에 무엇이 들어 있을까 생각해 보게 합니다.

2 공에 구멍을 뚫고, 얼굴이나 손에 대고 꾹 눌러서 바람이 나오는 것을 느껴 보세요.
"공을 누르니까 바람이 나오지? 그런데 공은 어떻게 되었지?"
"찌그러졌어요."
"공을 다시 펴려면 어떻게 해야 할까?"

3 준비된 빨대 중 가는 빨대를 5cm 길이로 자른 후 공의 구멍에 꽂으세요. 그리고 공기를 불어 넣어 공을 펴 보세요. 이때 공을 누르면 빨대로 공기가 나오게 됩니다.

Step 2: 에어로켓 만들기

4 색종이를 로켓 모양으로 오린 후, 멋지게 꾸며 봅니다.

> **Tip** 로켓이 너무 크면 잘 날아가지 않으므로 5cm 길이를 넘지 않도록 해 주세요.

5 준비된 빨대 중 굵은 빨대를 5cm 길이로 잘라 주세요. 빨대에 로켓 그림을 붙이고 로켓의 머리쪽 빨대 끝을 휴지로 막아 주세요.

6 볼풀공에 가는 빨대를 끼운 후 5의 로켓을 그 위에 끼워 주세요. 가는 빨대가 로켓의 발사대가 됩니다

> **Tip** 굵은 빨대를 공에 직접 끼워도 되지만, 가는 빨대로 발사대를 만들어 주면 로켓이 더 잘 날아갑니다.

> 천천히 누르는 것보다는 순간적으로 세게 눌러 주면 더 잘 날아갑니다.

7 에어로켓 발사! 공을 누르면 로켓이 발사됩니다. 세게도 누르고 약하게도 눌러 보면서, 로켓을 여러 가지 방법으로 발사해 보세요. 또한 로켓을 멀리 날아가게도 해 보고 높이 올라가게도 해 보세요.

> **실험 속 과학원리** 아이들에게 공 속에 무엇이 들어 있냐고 물으면 대부분 아무것도 들어 있지 않다고 대답합니다. 공기가 우리 눈에 보이지 않기 때문입니다. 우리 주위에 공기가 있음을 알게 해 주는 현상에 대해 묻고 대답해 봅니다. 바람개비가 돌아가거나 커다란 풍선 속에도 공기가 있다는 것을 알게 해 주세요.

양력놀이 7세 이상

손을 쓰면 안 돼요~ 컵 속의 공 꺼내기 대회

어린이 여러분, 우리 집에서 '컵 속의 공 꺼내기 대회'가 열린대요. 단, 공에 손을 대거나 컵을 뒤집는 건 안 된대요. 발로 꺼낸다고요? 몸이 닿으면 반칙! 자, 어떤 방법이 있을까요? 우승자에게는 뽀뽀 백 번!

놀이 목표
- 공기의 흐름과 압력 변화

교과 연계
- 탐구, 어떻게 할까요?

준비물
- 탁구공, 컵
  * 어린 연령일수록 종이컵이나 작은 컵을 이용해 보세요. 훨씬 꺼내기 쉽답니다.

이 놀이는요~

공기의 압력차를 이용하여 손을 대지 않고 컵 속의 공을 꺼내는 과학놀이입니다. 컵 안에서 공을 꺼내기도 하고, 이 컵에서 저 컵으로 공을 옮길 수도 있어요. 공기의 흐름이 빠른 곳은 그렇지 않은 쪽에 비해 압력이 낮아지므로 컵 속의 공이 압력이 낮은 곳을 향해 움직이게 됩니다.

Step 1: 다양한 방법으로 공 꺼내기

1 컵 안에 들어 있는 공을 꺼내는 방법을 생각해 보아요. 손으로도 꺼내 보고, 컵을 뒤집어도 보고, 물을 부어도 좋아요.

"컵 속에 공이 들어 있네. 어떻게 꺼내야 할까?" "컵을 뒤집어요." "물을 부어요."

Tip 처음에는 아무 제약 없이 아이의 생각대로 해 보게 합니다. 필요한 도구를 스스로 챙겨서 실험할 수 있도록 도와주세요.

Step 2: 바람으로 공 꺼내기

잘못된 예: 컵 입구의 중심에서 바람을 불면 떠오른 공이 입술에 닿기 때문에 공이 빠져나올 수 없습니다.

2 이번에는 손이나 도구를 사용하지 않고 입으로 바람을 불어 공을 꺼내 봅니다. 컵의 가장자리에 입술을 대고 컵의 위쪽에 바람을 짧고 세게 불어 주세요.

Step 3: 컵에서 컵으로 공 옮기기

3 컵에서 컵으로 공 옮기기 놀이도 해 봐요. 두 개의 컵을 비스듬히 하여 입구를 연결한 다음, 두 컵 사이(가운데)로 바람을 세게 불어 보세요. 탁구공이 다른 컵으로 옮겨 갑니다. 누가 더 많이 공을 옮길 수 있는지 시합해 보세요.

4 두 컵을 기울이지 않고 앞뒤로 나란히 세워 놓은 후, 앞의 컵 위쪽에 바람을 세게 불어 보세요. 탁구공이 뒤쪽 컵으로 넘어갑니다.

기압놀이
6세 이상

요구르트병이 내 얼굴에? ## 혹부리영감 얼굴 만들기

이상한 도깨비 나라의 도깨비는 머리에 뿔이 뾰족뾰족 나고 얼굴은 울퉁불퉁하다지요?
빈 요구르트병을 이용하여 도깨비들도 깜짝 놀랄 얼굴로 변신해 보세요.

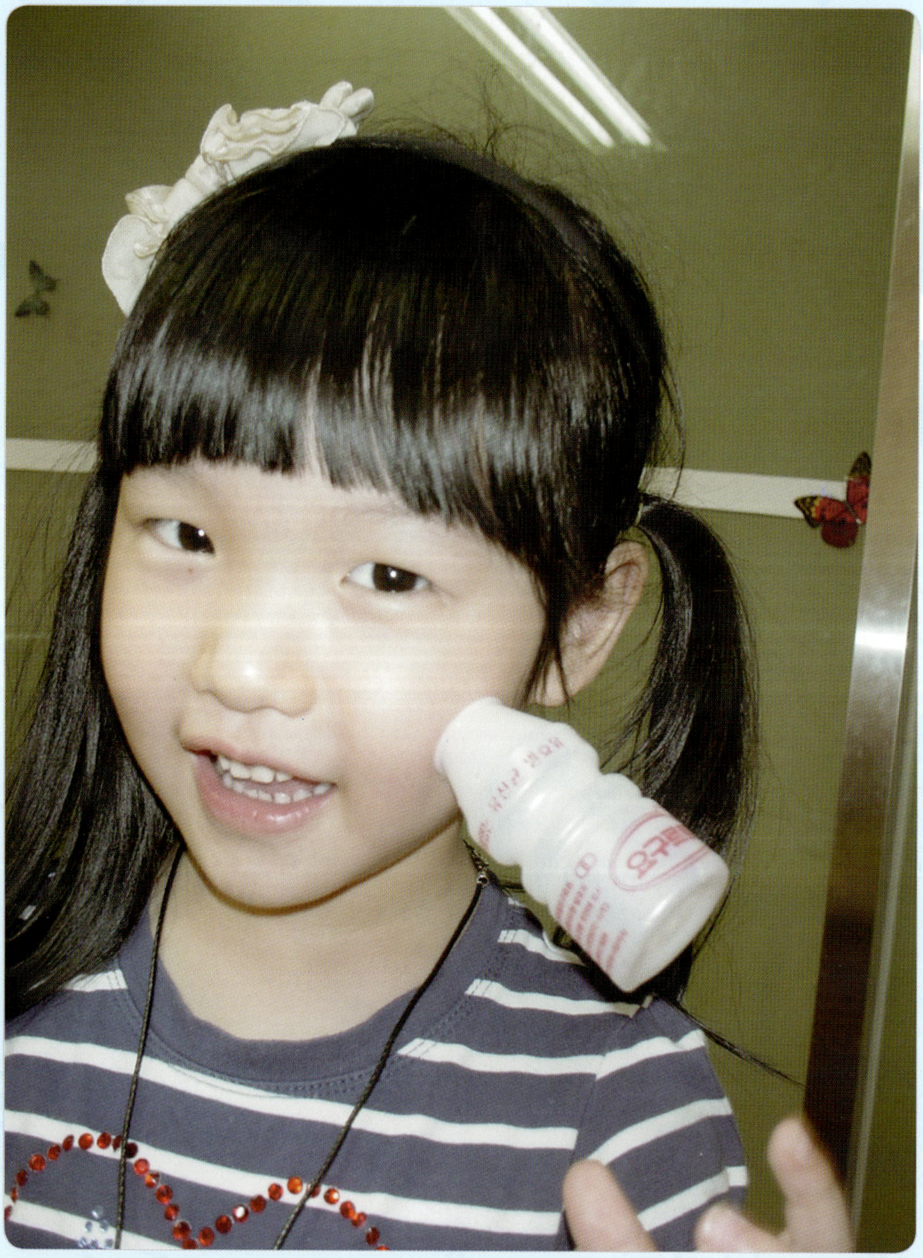

놀이 목표
- 온도에 따른 공기의 부피 변화

교과 연계
- 열 전달과 우리 생활

준비물
- 요구르트병, 뜨거운 물, 차가운 물, 집게, 그릇, 풍선, 유리병(컵)

이 놀이는요~

음식이 뜨거울 때 도시락 뚜껑을 닫으면 나중에 잘 열리지 않죠? 여러분 그 이유가 무엇인지 알고 있나요? 온도에 따라 기체의 부피가 변하기 때문이랍니다. '온도에 따른 기체의 부피 변화'는 초등학교 과학 단원 중 '여러 가지 기체'에서 배우게 됩니다.

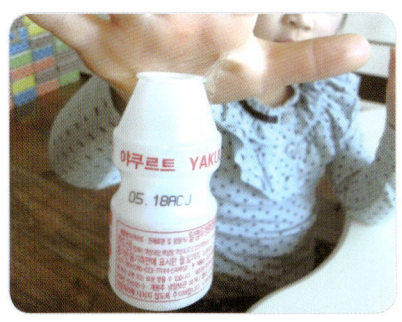  

1 요구르트병을 관찰하면서 병을 손바닥에 붙여 보게 하세요. 붙이려면 무엇이 필요할지 물어보고, 실행해 보세요.
예) 테이프 사용하기
"요구르트병을 손바닥에 붙이려면 어떻게 하면 좋을까?"

2 차가운 물에 요구르트병을 담갔다 빼서 병 입구를 손바닥으로 막아 보세요. 병이 손에 붙나요? ★ 병이 차가우면 붙지 않아요.

뜨거운 물에 담그기 어려우면 물을 병에 부었다가 따라 낸 후 손바닥에 붙여도 돼요.

3 뜨거운 물에 요구르트병을 잠시 담갔다 뺀 후, 입구를 손바닥으로 막아 보세요. 병이 손에 붙습니다. 아이에게 어떤 느낌이 드는지 질문해 보세요.
"병이 따뜻해요. 요구르트병 속으로 살이 들어가는 것 같아요."

요구르트병이 붙는 이유
뜨거운 공기는 움직임이 활발해 부피가 팽창하고 차가운 공기는 움직임이 둔해져서 부피가 감소합니다. 뜨거웠던 병 입구를 손으로 막으면 이후 병 속의 공기가 식으면서 공기의 부피가 줄어들게 되고 피부가 병 속으로 빨려 들어가게 됩니다.

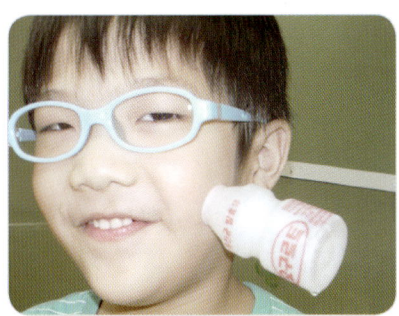 

4 뜨거운 물에 담갔다 뺀 요구르트병을 얼굴, 이마, 팔 등 붙이고 싶은 곳에 자유롭게 붙여 보세요. 붙였다 뗀 자리에 혹이 생겨요.

Tip 너무 뜨거운 상태로 갖다 대면 피부가 과도하게 빨려 들어갈 수도 있습니다. 또한 너무 긴 시간 동안 붙이고 있으면 자국이 오래 남을 수 있으니 주의하세요.

5 볼에 붙이면 혹부리 영감이 되고, 이마에 붙이면 도깨비가 되네요. 이마에 붙여 도깨비가 된 후 관련된 전래동화를 읽어 주면 더욱 흥미로워합니다.

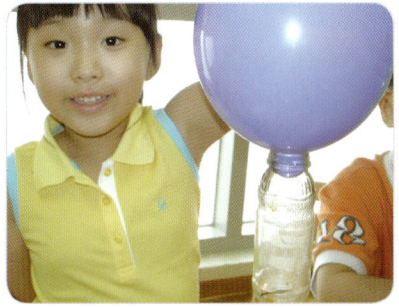 

6 이번에는 피부 대신 풍선을 이용해 보기로 해요. 풍선이 무거운 유리병이나 컵을 들어올릴 수 있을지 예상해 보게 하세요.

7 병을 뜨거운 물에 담갔다 꺼낸 후 입구에 풍선을 올려놓으면 풍선이 안으로 빨려 들어갑니다. 무거운 유리병도 문제 없이 척척 들어올리네요.

Tip 투명 유리병이나 컵으로 실험하면 빨려 들어간 풍선의 모양을 관찰할 수 있어 좋습니다.

공기관찰놀이
4세 이상

어느 생쥐가 빠를까? 생쥐마을 달리기 대회

생쥐마을에서 달리기 대회가 열린대요. 수많은 경쟁자를 제치고 두 마리가 결승전에서 시합을 하게 되었어요. 꼬리가 쭉 뻗은 생쥐와 꼬불꼬불한 생쥐, 두 선수 중 어떤 생쥐가 더 빠를까요?

놀이 목표
- 공기를 잘 뚫고 가는 모양 탐색
- 균형 잡는 생쥐의 꼬리

교과 연계
- 탐구, 어떻게 할까요?

준비물
- 생쥐 도안(권말 부록), 가위, 풀, 색연필, 풍선, 공기주입기

이 놀이는요~

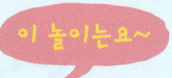

공기의 힘으로 쌩 달려 나가는 생쥐를 만들어 시합을 해 볼 수 있어요. 생쥐를 만드는 각 단계마다 생쥐의 습성과 특징을 이야기해 주세요. 활동 전 또는 활동 후에 생쥐와 관련된 동화를 읽는다면 활동에 대한 이해나 관심을 더 확장할 수 있답니다.

Step 1: 생쥐 만들기

1 부록에 있는 생쥐 본을 오려 주세요. 긴 삼각형은 둘 다 꼬리입니다.

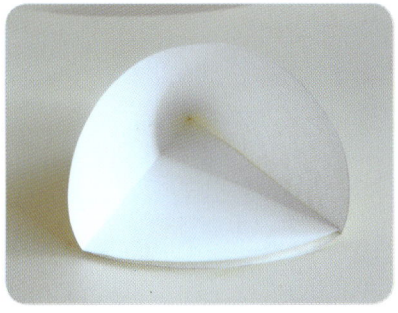

2 반원을 고깔 모양으로 양쪽 점선면이 포개지게 붙여 몸통을 완성합니다.

3 눈과 귀를 붙여 주고, 콧수염도 그려 주세요. 아직 꼬리는 붙이지 않습니다.

> **Tip** 야행성 동물인 쥐는 주로 밤에 움직이기 때문에 앞을 잘 볼 수 없답니다. 이때 쥐의 수염이 곤충의 더듬이 역할을 한답니다.

Step 2: 생쥐 달리기

4 손을 안 대고 생쥐를 움직이게 하려면 어떻게 해야 하는지 생각해 보아요. 그리고 생쥐의 몸통 부분을 입으로 불어 부세요.

> 고깔의 중심 부분을 불어야 잘 나가요. 아이가 어린 경우 빨대를 사용하면 중심을 잘 맞출 수 있어요.

> **Tip** 쥐가 앞으로 직진하지 않고 옆으로 돌죠? 아직 꼬리를 붙이지 않아서 그래요.

5 꼬리를 달고 불어 볼 차례입니다. 짧은 꼬리와 긴 꼬리를 번갈아 붙이고 불어 봅니다.

> 꼬리가 짧은 쪽보다는 긴 쪽이 직선으로 잘 나아갑니다.

> **Tip** 동물의 꼬리는 균형을 잡는 역할을 합니다. 생쥐는 높은 곳을 쪼르르 달려가도 꼬리가 있어서 중심을 잘 잡고 달릴 수 있답니다.

6 이번에는 긴 꼬리를 계단 모양으로 접어 붙인 후 불어 봅니다. 일자로 쭉 뻗은 꼬리와 구불구불한 꼬리 중 어떤 꼬리가 더 똑바로, 더 멀리 가나요?

> **Tip** 계단 모양으로 접은 꼬리가 마찰이 적어 조금 더 멀리 가게 됩니다.

7 입으로 부는 방법 말고 다른 방법으로 생쥐를 움직이게 해 보세요. 풍선으로 생쥐를 움직여 볼까요?

8 풍선에 바람 넣는 공기주입기나 부채 등을 이용해 생쥐를 움직여 봐도 좋아요.

양력놀이 6세 이상

한자리에 떠 있어요 — 스티로폼 공 띄우기

빨대로 바람을 불어 스티로폼 공을 공중에 띄웠어요. 그런데 공이 다른 곳으로 떨어지지 않고 계속에서 공중에서 춤을 추고 있네요. 눈에 보이지 않는 보호막이라도 있는 걸까요?

놀이 목표
- 공기의 흐름과 압력 변화

교과 연계
- 탐구, 어떻게 할까요?

준비물
- 주름빨대, 가위, 스티로폼 공, 탁구공

이 놀이는요~

스티로폼 공 띄우기는 '베르누이의 원리'(115쪽 '실험 속 과학원리' 참조)가 적용되는 실험인데 아이들이 정말 좋아하는 인기 실험입니다. 빨대로 바람을 불면 공이 멀리 날아가 버릴 것 같은데 아슬아슬 공중에 떠 있는 것이 신기하기 때문이죠. 아이가 어리다면 원리 설명보다 호기심 자극에 중점을 두세요. 초등학교 고학년 형제가 있다면 '베르누이의 원리'를 설명해 주셔도 좋아요.

Step 1: 스티로폼 공 띄우기

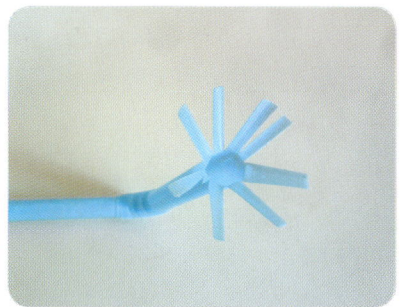

1. 주름빨대의 끝을 8등분으로 잘라요.

2. 빨대 위에 공을 올려놓고, 약한 바람으로 되도록 일정하고 길게 후~ 하고 불어 보세요. 공이 빨대 위에서 춤을 춥게 됩니다.
★ 바람을 너무 세게 불면 공이 날아가 버릴 수 있으니 주의하세요.

> **Tip** 공은 공기의 흐름이 빠른 쪽으로 휘어져서 진행합니다. 스티로폼 공이 공중에 떠 있는 이유는 공을 둘러싼 주변의 공기 흐름이 균일하게 빠른 경우, 공은 어느 한쪽으로 떨어지지 않기 때문입니다.

Step 2: 큰 공 띄우기

3. 탁구공이나 탁구공보다 큰 공은 입으로 불어서 띄우기 어려우므로 헤어드라이기를 이용하면 쉽게 띄울 수 있습니다. ★ 헤어드라이기 앞쪽의 납작한 노즐은 빼고 실험하셔야 합니다.

4. 이때 헤어드라이기를 앞으로 기울여도 공이 떨어지지 않고 헤어드라이기에서 나오는 바람의 방향에 떠 있게 됩니다.

Step 3: 베르누이 원리 탐구하기

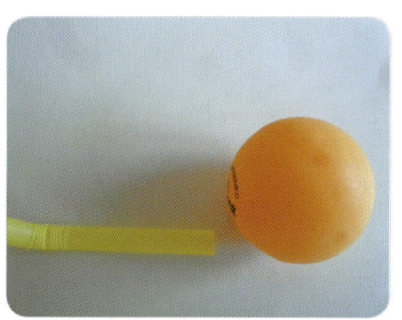

5. 탁구공을 이용하여 바람이 부는 위치에 따라 공이 어떻게 움직이는지 실험해 보세요. 먼저 빨대로 공의 가운데를 불어 봐요. 가운데를 불면 공이 앞으로 직진합니다.

6. 빨대로 공의 왼쪽을 불어 보세요. 공이 왼쪽으로 휘어져서 진행합니다.

7. 빨대로 공의 오른쪽을 불어 보세요. 공이 오른쪽으로 휘어져서 진행합니다.

흠~ 하~ 숨을 쉬어요 페트병 허파 만들기

내 몸 탐색놀이
5세 이상

우리가 쉬거나 자고 있을 때도 우리의 몸은 쉴새 없이 일을 하고 있어요. 그 중에서도 절대 쉬면 안 되는 일이 있죠? 바로 숨을 쉬는 일이랍니다. 우리 몸에서 숨을 쉴 때 사용하는 기관에 대해 알아보기로 해요.

놀이 목표
- 우리의 몸 알기
- 허파 구조와 역할 알기

교과 연계
- 우리 몸

준비물
- 풍선(큰 것, 작은 것), 500ml 페트병, 셀로판테이프, 종이, 색연필

이 놀이는요~

숨을 쉴 때 필요한 기관을 알아보고, 그 움직임을 탐구해 보는 활동입니다. 우리가 숨을 쉴 때마다 가슴이나 배가 움직이는 이유와 숨을 쉴 때 사용하는 기관의 이름을 알아봐요.

Step 1: 허파 만들기

1 다른 사람의 몸에 귀를 대 보고 어떤 소리가 나는지 들어 보세요. 숨을 크게 들이쉬고 내쉬며 숨쉬는 소리를 집중해서 들어 봐요.

"숨을 크게 들이마시고, 내뱉어 보자. 한번은 배로 숨을 쉬어 보고."

💬 종이컵이나 휴지심을 귀에 대고 들으면 더 잘 들린답니다.

2 500ml 페트병의 아랫부분을 잘라 준비합니다.

3 페트병 안으로 작은 풍선을 넣고 풍선 주둥이를 뒤집어서 병의 입구에 씌워 주세요.

★ 작은 풍선을 하트 모양 풍선으로 준비하면, 좌우로 나뉘어져 있는 폐의 모양에 대해서도 아이와 이야기 나눌 수 있어 좋아요.

4 다른 풍선의 입구를 잘라서 3의 페트병의 아랫부분을 감싼 후, 셀로판테이프로 단단히 고정시켜요.

5 사진과 같은 모양이 완성되었나요? 입구 쪽의 작은 풍선은 허파 역할을 하고, 아랫쪽의 풍선은 횡격막 역할을 하게 됩니다.

6 아이에게 자신의 모습을 그리게 한 후, 병 뒤쪽에 붙여 보세요.

★ 몸통의 길이와 병의 길이를 맞춰 만들면 좋아요.

Step 2: 허파의 움직임 관찰하기

7 아래쪽 풍선(횡격막)을 잡아당기면 입구의 작은 풍선은 어떻게 될지 예측해 봅니다. 그리고 당겨 보세요.

Tip 아래쪽 풍선을 잡아당기면 작은 풍선 속으로 공기가 들어오면서 풍선이 부풀어 오릅니다.

8 아래쪽 풍선(횡격막)을 안으로 밀면 작은 풍선은 어떻게 될지 예측해 봅니다. 그리고 손가락을 이용해 풍선을 안으로 밀어 보세요.

Tip 아래쪽 풍선을 누르면 작은 풍선이 쪼그라들고, 더 많이 누르면 작은 풍선이 밖으로 밀려 나오는 모습을 볼 수 있습니다.

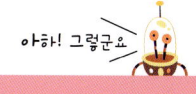

허파와 횡격막

허파는 심장처럼 부풀었다 오므라드는 근육이 없기 때문에 횡격막이 위아래로 움직이면서 허파를 부풀었다 줄어들게 하여 숨을 쉴 수 있게 도와줍니다.
숨을 들이마시면 우리 몸 속의 횡격막이 아래로 내려가면서 허파가 부풀고, 숨을 내쉬면 횡격막이 위로 올라가면서 허파가 줄어들게 됩니다.

공기흐름놀이
5세 이상

후~ 후~ 안 꺼져요! # 끌 수 없는 촛불

생일 축하합니다~ 후, 후~ 촛불도 불어 껐나요? 그런데 '마법의 도구'가 있으면 아무리 입으로 바람을 불어도 촛불이 꺼지지 않는대요. 이 도구는 무엇일까요?

놀이 목표
- 공기 모으기, 가르기
- 물체 모양에 따른 공기의 움직임

교과 연계
- 여러 가지 기체

준비물
- 양초, 종이컵, 깔때기, 라이터, 둥근 페트병, 삼각기둥, 직사각형 모형 (예: 과자상자)

이 놀이는요~

공기는 물처럼 물체의 표면을 따라 흐르는 성질이 있습니다. 이러한 공기의 흐름을 이용한 과학놀이입니다. 간단한 실험이지만 아이들은 마술처럼 신기해한답니다.

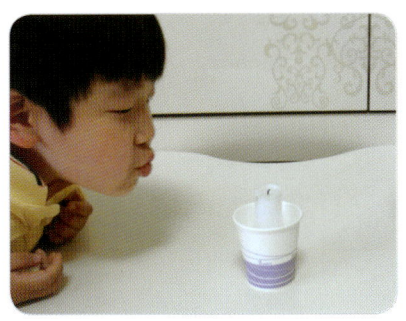  

1 여러 가지 방법으로 촛불을 꺼 보세요. 입으로 부는 것 외에 손뼉, 부채, 컵 덮어 씌우기 등 다양한 방법으로 불을 끌 수 있겠죠?
"이 촛불을 꺼 보자. 어떻게 끄면 좋을까?"
"입김을 불어 볼래요."

2 이번에는 촛불이 꺼지지 않도록 바람을 막아 줄 물체를 생각해 봅니다. 원기둥, 사각기둥, 삼각기둥 모양의 물건들을 모아 어떤 것으로 막으면 좋을지 아이가 골라 보게 합니다.

3 원기둥에 불기 아이와 촛불 사이에 원기둥의 물체(예: 둥근 페트병)를 놓고 입으로 바람을 불어 촛불이 꺼지는지 관찰합니다.

> **Tip** 둥근 옆면을 타고 불꽃 앞에서 바람이 다시 모이게 되어 불이 꺼집니다.

 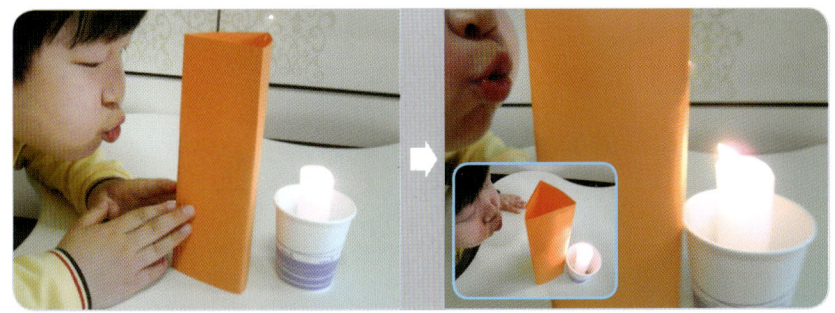

4 사각기둥에 불기 아이와 촛불 사이에 사각기둥의 물체를 놓고 입으로 바람을 불어 촛불이 꺼지는지 관찰합니다. ★옆면을 타고 바람이 직진하여 불이 안 꺼집니다.

5 삼각기둥의 뾰족한 면에 불기 바람을 불면서 촛불의 모양을 살펴봅니다.
삼각기둥의 평평한 면에 불기 바람을 불면서 촛불의 모양을 살펴봅니다.

> **Tip** 삼각기둥의 뾰족한 모서리를 입 쪽에 대고 불면 촛불이 꺼지지 않고, 평평한 면을 입 쪽으로 하고 바람을 불면 삼각기둥 앞쪽에 소용돌이가 생겨 불꽃이 기둥 쪽으로 쏠리는 것을 볼 수 있습니다.

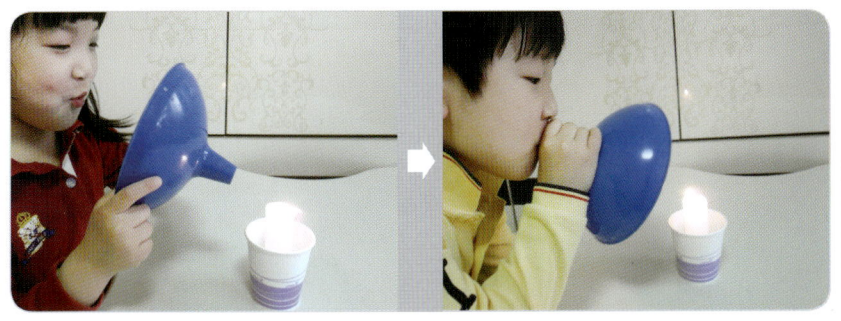

6 깔때기의 넓은 쪽에 대고 불기 바람을 불어 촛불이 꺼지는지 확인합니다.
깔때기의 좁은 쪽에 대고 불기 바람을 불어 촛불이 꺼지는지 확인합니다.
"깔때기의 어느 쪽으로 바람을 불면 촛불이 안 꺼질까?"

> **Tip** 실험 전에 어느 쪽으로 바람을 불면 촛불이 안 꺼질지 아이가 생각해 볼 시간을 주면 좋아요. 깔때기가 없을 경우 책받침이나 종이로 원뿔을 만들어 사용하면 됩니다.

PART 4

오늘 하루는 과학에 흠뻑!
물 만난 과학

물은 참 재주가 많아요.
모양이 자유자재로 바뀌고, 물건을 띄우기도 하고,
기름을 만나면 피하고, 온도에 따라 위치를 바꾸는 등
여러 가지 재주가 있어요. 그래서일까요?
아이들에게 물은 신나는 탐색 재료가 됩니다.
오늘 하루는 물 좀 튀기며 놀아 봐요.
과학에 흠뻑 빠지는 즐거운 하루가 된답니다.

물위에 둥둥 빵끈 소금쟁이 만들기

표면장력놀이
6세 이상

다리에 무수히 많이 난 잔털을 이용하여 개울이나 연못 위를 둥둥 떠다니는 소금쟁이를 본 적 있나요?
빨대와 빵끈을 이용해서 물위에 둥둥 뜨는 소금쟁이를 만들어 보세요.

놀이 목표
- 표면장력
- 부력
- 무게 분산

교과 연계
- 탐구, 어떻게 할까요?

준비물
- 주름빨대, 빵끈, 큰 그릇, 물

이 놀이는요~

지방이 분비되는 다리의 잔털과 물의 표면장력에 의해 물 위에 떠다니는 소금쟁이를 빵끈을 이용해 만들어 보는 활동입니다. 놀이 전이나 후에 소금쟁이에 관한 책을 연계해서 읽으면 더욱 좋겠죠?

Step 1: 빵끈 물에 띄우기

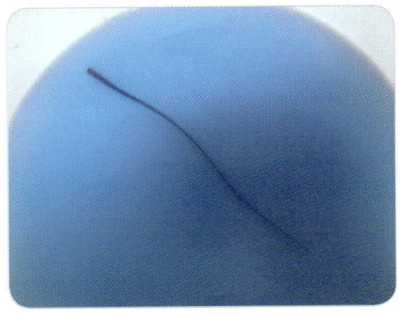
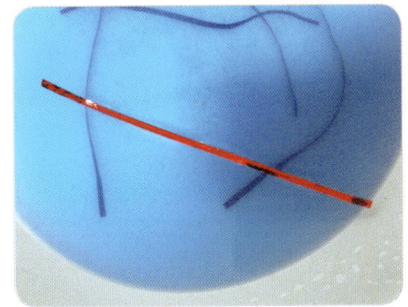
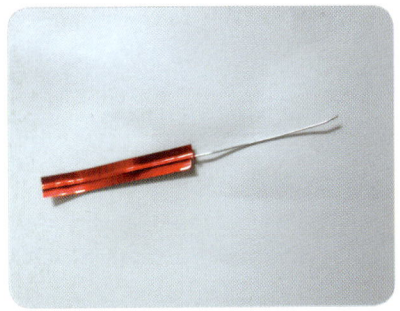

1 빵끈을 물에 넣어 봅니다. 먼저 옆으로 세워서 넣어 봅니다. 옆으로 넣은 것은 물에 뜨지 않아요.

> **Tip** 실험하기 전에 아이에게 결과를 미리 예측해 보게 하시고 실험을 통해 확인할 수 있도록 유도해 주세요.

2 빵끈을 평평하게 펴서 넣어 보세요. 평평하게 펴서 물위에 살살 놓아 주면 기다란 빵끈이 물위에 뜬답니다.

3 빵끈의 비닐을 벗기면 철사가 나오죠? 철사만 물에 넣으면 뜰지 가라앉을지 생각해 보고, 직접 실험해 보세요.

> **Tip** 빵끈의 비닐을 벗긴 철사는 물에 가라앉아요. 철사를 둘러싼 비닐 때문에 물 위에 뜨는 것이랍니다.

부력 키우기
물위에 어떤 물체가 떠 있을 수 있게 하는 힘을 '부력'이라고 합니다. 일반적으로 물의 밀도보다 더 큰 밀도를 가진 물체의 경우 물위에 뜰 수 없지만, 밀도가 큰 물체를 얇게 펴서 물에 닿는 면적을 더 크게 만들거나 빵끈의 경우처럼 물보다 작은 밀도를 가진 비닐을 넓게 펴서 물과 닿는 면적을 넓게 만들어 주게 되면 물보다 밀도가 큰 철사라도 물위에 뜨게 됩니다.

Step 2: 빵끈 소금쟁이 만들기

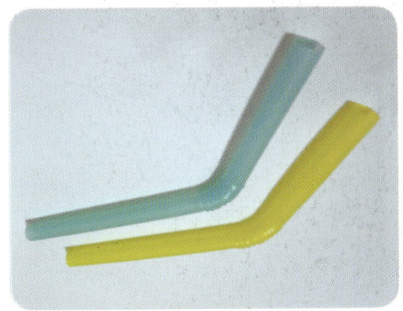

4 빨대를 주름 부분을 포함하여 12cm 정도 되게 잘라 준비합니다.

5 준비된 빨대에 빵끈을 한 번 돌려 감은 후 꼬아 고정시킵니다.

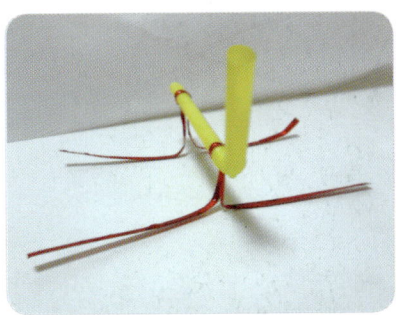
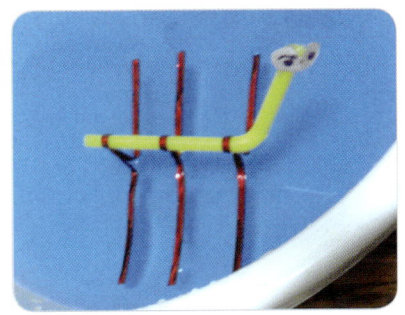

6 꼰 부분에서 1cm 정도 내려온 지점에서 빵끈을 양옆으로 벌립니다. 평평하게 펴서 다리를 완성해 주세요.

7 빵끈의 끝을 스키의 앞코처럼 살짝 위로 구부려 주세요. 물에 더 잘 뜬답니다.

8 총 3쌍의 다리가 되게 하고, 얼굴도 붙여 줍니다. 완성된 소금쟁이를 물위에 가만히 놓아 띄운 다음, 후~ 불어 보세요.

표면장력놀이
7세 이상

뜰까 가라앉을까? 물에 바늘 띄우기

물 위에 가느다란 물체가 떠 있어요. 우리 집 연못에 소금쟁이가 놀러 온 것일까요?
가느다란 몸통은 맞는데 자세히 보니 다리가 없네요. 이 가느다란 물체의 정체는 과연 무엇일까요?

놀이 목표
- 표면장력

교과 연계
- 탐구, 어떻게 할까요?

준비물
- 바늘, 휴지(두루마리 휴지 1칸), 세숫대야, 주방세제

이 놀이는요~

바늘은 물에 뜰까요, 가라앉을까요? 가벼운 물건이니 물에 뜬다고요? 아니 쇠로 된 물건이니 가라앉는다고요? '예측'과 '실험'은 과학에서 아주 중요한 절차입니다. 아이들과 함께 현상을 예측해 보고 실험을 통해 직접 확인해 보며 과학자의 면모를 길러 주세요. 물보다 밀도가 높아 가라앉는 쇠로 만들어진 바늘을 표면장력을 이용해 물에 띄우는 과학놀이입니다.

1 나무로 된 이쑤시개, 빨대 등 바늘처럼 가늘고 긴 물건들을 찾아보세요. 그런 다음 물 위에 뜨는 것과 가라앉는 것을 예상해 보고 직접 실험해 봐요.

2 가늘고 길지만 쇠로 만들어진 바늘이 물 위에 뜰지 생각해 봐요.

> **Tip** 밀도란, 일정한 부피 안에 알갱이들이 얼마나 조밀하게 모여 있는가를 나타내는 용어입니다. 같은 부피라면 알갱이들이 조밀하게 모여 있는 것이 훨씬 무겁겠죠? 쇠는 물보다 밀도가 매우 높아 물에 넣으면 곧장 가라앉게 된답니다.

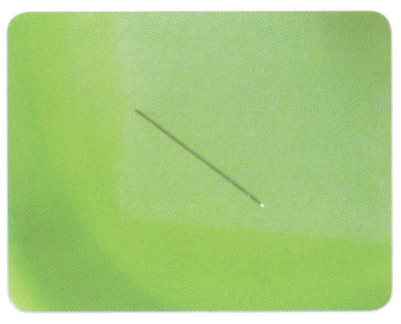

3 두루마리 휴지 한 칸을 한 겹만 분리해서 물위에 살짝 올려놓으면 휴지가 물위에 뜹니다. 그 위에 바늘을 살짝 얹어 보세요.

4 휴지를 나무젓가락이나 연필의 뾰족한 부분으로 살살 눌러서 가라앉힙니다. 물에 젖은 휴지가 가라앉아도 바늘은 그대로 물 위에 떠 있게 된답니다.

물의 표면장력
물 표면에서 물 알갱이(분자)들은 서로 강하게 끌어당기고 있는데, 이를 물의 표면장력이라고 합니다. 바늘을 휴지 위에 놓으면 바늘이 휴지 위에 떠 있게 됩니다. 그 상태에서 휴지를 슬며시 제거해도 표면장력에 의해 바늘은 균형을 잡고 물 위에 뜨게 됩니다.

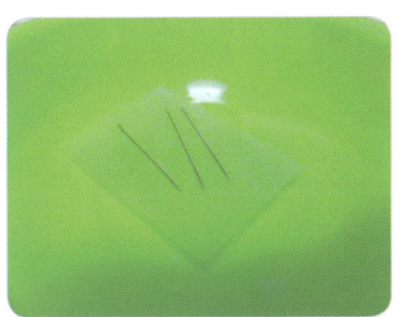

5 바늘을 여러 개 띄운 후, 휴지를 연필 등으로 살살 눌러 가라앉히세요.

6 물의 표면장력에 의해 물위에 떠 있는 바늘들이 한쪽으로 밀려 서로 달라붙게 됩니다.

7 바늘을 가라앉게 하려면 어떻게 해야 하는지 생각해 봐요. 세숫대야를 흔들거나, 바늘을 건드리면 균형이 깨지면서 가라앉게 됩니다. 또 연필 끝에 세제를 묻히고 바늘 근처에 살짝 갖다대도 바로 가라앉습니다.

> **Tip** 세제에는 계면활성제라는 성분이 있는데 이 성분이 물 알갱이들의 결합을 약화시키는 역할을 합니다.

물만 주면 별이 되는 별이 된 나무젓가락

팽창놀이 4세 이상

예쁘고 귀한 우리 아이를 위해서라면 별도 달도 따 주고 싶은 게 부모 마음이죠?
오늘은 나무젓가락을 이용해서 우리 아이에게 별님을 따다 주기로 해요.

놀이 목표
- 모세관을 통한 물의 이동
- 물의 흡수

교과 연계
- 모습을 바꾸는 물

준비물
- 나무젓가락 5개, 스포이트 또는 빨대, 물감, 컵

이 놀이는요~

부러진 젓가락에 물이 닿으면 서서히 별 모양이 되는 신기한 실험입니다. 구겨져 있던 풍선에 공기가 들어가면 구겨진 부분이 펴지듯이 나무젓가락이 물을 흡수하여 팽창하면서 꺾인 부분이 펴지게 되는 원리를 이용한 것이랍니다.

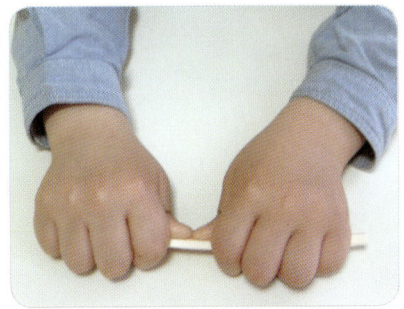

1 나무젓가락의 가운데 부분을 분리가 되지 않을 정도로만 살짝 부러뜨려 주세요.

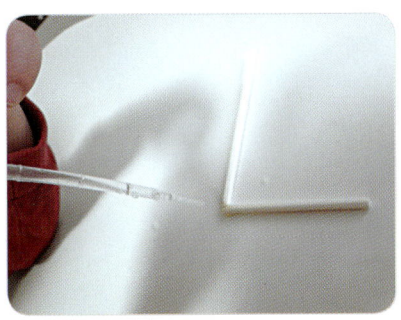

2 부러진 부분에 물을 한두 방울 떨어뜨려 보세요. 나무젓가락이 물을 흡수하면서 천천히 펴지는 모습을 관찰할 수 있습니다.

> **Tip** 나무젓가락이 얼마나 움직였는지 관찰하려면 나무젓가락의 원래 위치를 연필로 그려 놓아도 좋아요.

3 나무젓가락 5개를 1과 같이 살짝만 부러뜨린 후, 적당한 간격으로 빙 둘러 놓습니다.

> **Tip** 놓기 전에 어떻게 놓아야 나무젓가락이 펴지면서 별 모양이 될지 생각해 보게 하세요. 별 모양을 그려 옆에 놓아 두고 생각하도록 하면 도움이 됩니다.

4 3의 중앙에 물감을 섞은 물을 세 방울 정도 떨어뜨린 후, 변화를 관찰합니다.

★ 물감을 섞으면 물이 흡수되는 모습이 잘 보입니다.

5 나무젓가락이 펴지면서 서서히 별 모양이 됩니다.

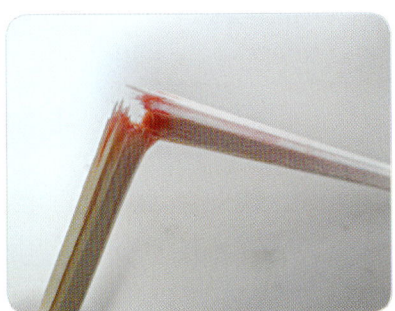

6 색이 번진 나무젓가락을 자세히 살펴보며 물이 흡수된 모습을 관찰합니다. 나무젓가락이 물을 흡수하여 팽창하면서 꺾인 부분이 펴지게 되어 별 모양을 만들어 낸다는 것을 이야기해 주세요.

이렇게도 놀아요

펴지는 신문지

신문지를 구긴 후 물이 담긴 그릇에 넣습니다. 종이도 나무젓가락처럼 물을 흡수하면서 점점 펴지는 것을 관찰할 수 있어요. 종이나 나무처럼 물을 흡수하는 물건들을 찾아보세요.

예) 스폰지, 옷, 수건 등 천으로 만든 물건, 솜 등

기압놀이
6세 이상

트레비 분수보다 멋져! 탁구공 분수 만들기

여름이면 시원스레 물을 쏟아 내는 분수를 본 적이 있나요? 우리 집에도 작은 분수를 설치해 보기로 해요. 탁구공 하나만 있으면 아주 멋진 나만의 작은 분수를 만들 수 있답니다.

놀이 목표
- 온도에 따른 공기의 부피 변화

교과 연계
- 열 전달과 우리 생활

준비물
- 탁구공, 유성펜, 송곳, 고무찰흙, 그릇, 물감

이 놀이는요~

이 놀이는 온도에 따라 공기의 부피가 달라지는 기체의 성질을 이용해 멋진 탁구공 분수를 만들어 보는 과학 만들기 활동입니다. 온도가 올라가면 기체가 차지하는 부피가 커지고, 온도가 내려가면 그 부피가 작아지는 기체의 성질을 잘 관찰해 보세요.

Step 1: 탁구공에 물 넣기

1 송곳으로 탁구공에 구멍을 내 주세요.

2 1의 탁구공을 뜨거운 물에 담가 탁구공 속 공기를 뺍니다. 뽀글뽀글 공기가 나오는 모습을 관찰해요.

3 이제 탁구공 안에 물을 넣을 차례예요. 어떤 방법이 있을지 자유롭게 생각할 수 있도록 도와주시고, 직접 시도해 보게 하세요. 예) 물에 담그기, 스포이트 이용하기, 면봉에 물을 묻혀 구멍에 대고 떨어뜨리기

Tip 뜨거워진 공기는 움직임이 활발해져 입자끼리 서로 멀어지게 되므로 일부 공기들이 탁구공 밖으로 빠져나갑니다. 물의 온도가 뜨거울수록 더 많은 양의 공기가 밖으로 빠져나옵니다.

4 뜨거운 물에서 꺼낸 탁구공을 바로 찬물(얼음물)에 넣어 보세요. 공기가 빠져나온 만큼 물이 안으로 들어갑니다. ★ 찬물에 물감을 풀면 물이 들어간 것을 관찰하기 좋아요.

5 탁구공을 꺼내 흔들어 물이 들어간 것을 확인해 보게 합니다.

Tip 탁구공을 찬물에 넣으면 공기 입자들의 움직임이 느려지기 때문에 차지하는 공간이 줄어들게 되고, 이때 빈 공간으로 물이 들어갑니다. 온도가 더 낮은 얼음물에 담갔을 때 더 많은 물이 들어가게 됩니다.

6 탁구공을 구멍이 정면을 향하게 해서 컵 등에 올려놓고, 탁구공 위에 뜨거운 물을 부어 주고 잠시 기다리면 물이 앞으로 발사됩니다. ★ 공이 흔들릴 경우 밑부분을 고무찰흙 등으로 고정시켜 주세요.

Step 2: 탁구공 분수 만들기

7 구멍 뚫린 곳이 입이 되게 하여 탁구공을 예쁘게 꾸민 후, 고무찰흙을 이용해 받침을 만들어 줍니다.

8 '뜨거운 물에서 공기 빼기 → 차가운 물에서 물 넣기' 순서 기억하시죠?

9 마지막으로 다시 뜨거운 물을 탁구공 위쪽에서 천천히 부어 보세요. 입에서 물을 뿜어 내는 예쁜 분수가 만들어집니다.

표면장력놀이
5세 이상

물아, 쏟아져라! # 구멍송송 스타킹 물놀이

수리수리 마하수리, 물아 그대로 멈춰라~ 컵을 뒤집어도 물이 쏟아지지 않게 할 수 있을까요?
엄마의 스타킹만 있으면 OK! 엄마의 구멍 송송 스타킹이 어떻게 물을 막을 수 있을까요?

놀이 목표
- 물의 표면장력

교과 연계
- 모습을 바꾸는 물

준비물
- 컵, 스타킹 또는 양파망, 고무줄, 세제, 이쑤시개

이 놀이는요~

물이 다른 물체와 접촉할 때 그 접촉면을 최소화하려고 물알갱이들끼리 서로 끌어당겨 뭉쳐 있으려는 성질을 '표면장력'이라고 합니다. 이 놀이는 물의 표면장력으로 인해 구멍이 송송 뚫린 스타킹으로 막고 거꾸로 들어도 컵의 물이 쏟아지지 않음을 경험해 보는 활동입니다.

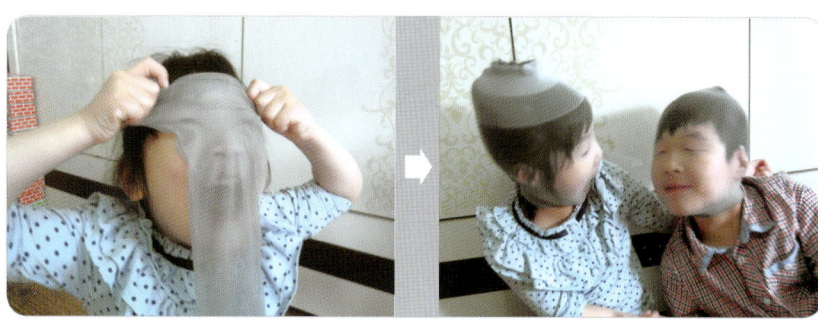

1 물이 담긴 컵이 있어요. 컵을 뒤집어도 물이 쏟아지지 않게 할 수 있는 방법을 찾아보아요.

"어떻게 하면 컵을 뒤집어도 물이 쏟아지지 않을까?"
"손으로 막고 뒤집어요."

2 스타킹 관찰하기 스타킹을 늘여 스타킹이 완전히 막혀 있지 않고 '구멍'이 있다는 것을 알려 주세요. 늘인 스타킹 너머로 서로의 얼굴을 보고, 스타킹을 머리에 써 보기도 하며 놉니다.

3 빈 컵에 스타킹을 되도록 팽팽하게 잡아 당기면서 씌우고 고무줄로 단단히 고정시키세요. 그러고 나서 스타킹을 씌운 컵에 물을 부어 보게 합니다.

Tip 물을 붓기 전에 아이에게 컵 안으로 물이 들어갈지 안 들어갈지 추측해 보게 합니다.

4 컵 안에 물이 고인 것을 확인합니다. 이번에는 컵을 뒤집으면 물이 샐지 안 샐지를 물어보세요.

5 거꾸로 뒤집기 수직으로 재빨리 뒤집어 주세요. 짜잔~! 컵을 거꾸로 뒤집어도 물이 새지 않아요.

"스타킹에 구멍이 있는데도 물이 새지 않지? 물 알갱이들이 서로를 꼭 잡아당기면서 스타킹의 작은 구멍들을 막아 주었어."

6 물 흘려 보기 그럼 이제 물이 새어 나오게 해 봐요. ① 손가락으로 스타킹을 찌르면 물이 새어 나옵니다 ② 옆으로 기울이면 물이 새어 나와요. ③ 이쑤시개에 세제를 묻혀 찔러 보세요. 세제에는 물의 표면장력을 약화시키는 계면활성제가 들어 있어 물이 터지듯 흐른답니다.

Tip 손가락이나 세제를 활용하기 전에 먼저 아이와 함께 어떤 방법으로 하면 물이 새어 나올 수 있을지 방법을 생각해 보는 사전탐구의 시간을 꼭 갖도록 해 주세요.

Part 4 물 만난 과학

> 도구관찰놀이
> 6세 이상

물을 끌어올려라 초간단 빨대 스포이트

한 컵에 있는 물을 다른 컵으로 방울방울 옮기려고 하는데 어떤 도구가 필요할까요? 맞아요, 스포이트죠. 그런데 집에 스포이트가 없다고요? 그럼 오늘은 스포이트 대신 빨대로 옮겨 볼까요?

놀이 목표
- 도구의 편리함

교과 연계
- 여러 가지 기체

준비물
- 빨대, 물약병, 고무찰흙

이 놀이는요~

스포이트를 관찰하여 공기의 존재를 알고, 공기의 힘을 이용해 물을 옮겨 보는 활동입니다. 집에 스포이트가 없다면 사진 등으로 스포이트를 보여 주고, 바로 빨대 실험으로 넘어가서 빨대를 이용해 스포이트를 만들어 보면 됩니다.

Step 1: 스포이트 관찰하기

1 스포이트를 보여 주고, 어떻게 사용하는지 생각해 봐요. 그러고 나서 사용 방법을 가르쳐 주세요.

> **Tip** 스포이트를 물에 넣고 위쪽을 눌렀다가 놓으면 물이 들어갑니다. 아래쪽에 구멍이 있는데도 물이 쏟아지지 않는 것을 확인시켜 주세요.

2 스포이트 속에 물을 가득 넣어 봐요. 최대한 많이 넣으려면 어떻게 해야 할까요?

> **Tip** 물을 최대한 많이 넣으려면 스포이트 내의 공기를 최대한 빼야겠지요? 스포이트를 위쪽부터 돌돌 말아 공기를 모두 뺀 상태에서 스포이트를 물에 넣은 후 말았던 스포이트를 놓아 보세요.

아하! 그렇군요

스포이트의 원리
스포이트 속은 우리 눈에는 보이지 않는 공기로 채워져 있어요. 스포이트를 얼굴에 대고 세게 누르면 스포이트 속에서 밀려 나오는 바람을 느낄 수 있답니다. 스포이트를 물에 넣고 위쪽을 누르면 안에 있던 공기가 밖으로 밀려 나오면서 공기방울들이 뽀글뽀글 올라옵니다. 그후 다시 손을 놓으면 스포이트는 원래 모습으로 돌아오고, 안쪽의 공기가 빠져나가 비어 있는 곳으로 물이 들어가 채워지게 됩니다.

Step 2: 빨대로 물 옮기기

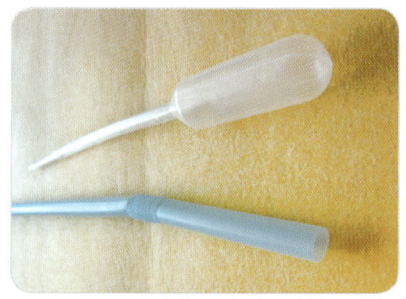

3 스포이트와 빨대를 비교해 봐요. 스포이트는 한쪽이 막혀 있는데, 빨대는 앞뒤로 구멍이 있는 것을 확인한 후, 빨대로 스포이트처럼 물을 담아 옮기려면 어떻게 해야 할지 생각해 보게 하세요.

4 빨대를 물에 넣고 입으로 빨았다가 물이 올라오면 숨을 멈춘 후, 다른 컵으로 옮겨서 숨을 쉬면 물이 옮겨집니다.

> **Tip** 잘 보이게 하려면 포도주스 등 색깔이 있는 음료수를 사용해서도 좋습니다.

5 이번에는 빨대를 물속에 넣은 채 빨대의 위쪽 구멍을 엄지손가락으로 잘 막은 후, 그대로 들어올려 빨대 속에 물이 들어 있는 것을 확인해요. 막았던 손가락을 떼면 물이 아래로 쏟아져 나옵니다.

Step 3: 빨대 스포이트 만들기

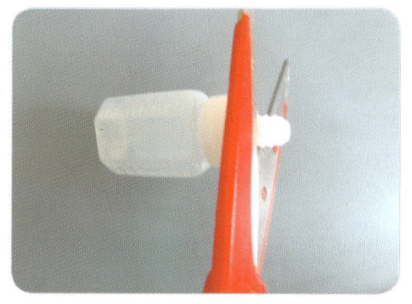

6 물약병의 입구를 빨대 크기에 맞게 가위로 자릅니다.

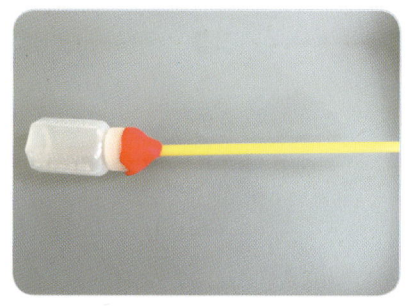

7 빨대를 약병 입구에 끼우고 고무찰흙으로 틈을 메워 줍니다.

8 빨대 스포이트로 액체를 빨아들여 봅니다. 어때요? 잘 만들어졌나요? ★ 주름빨대를 이용하면 보다 다양한 방법으로 물을 빨아들일 수 있어요.

Part 4 물 만난 과학 107

밀도놀이 5세 이상

물 파도~ 기름 파도~ 나만의 바다 만들기

여름 바다의 출렁이는 파도 생각만 해도 시원하죠? 작은 병 속에 바다를 담아 볼까요? 작은 바다이지만 알록달록 열대어도 있고, 춤추는 빙하도 있고 있을 건 다 있답니다.

놀이 목표
- 서로 다른 액체의 밀도차

교과 연계
- 혼합물의 분리

준비물
- 작은 주스병, 물, 기름, 파란색 물감, 얼음, 풍선

이 놀이는요~

물과 기름은 섞이지 않죠? 그런데 왜 물과 기름이 섞이지 않는지 그 이유도 알고 있나요? 물과 기름의 밀도가 서로 다르기 때문이에요. '밀도'란 같은 크기의 그릇 속에 들어 있는 물질의 질량을 말합니다. 이 실험은 물과 식용유가 밀도 차이로 인해 서로 섞이지 않는 성질을 이용한 실험입니다.

Step 1: 물, 기름, 얼음 밀도 관찰하기

1 컵에 적당량의 물과 식용유를 따른 후, 서로 비교하면서 관찰해 보세요. 맛, 냄새, 촉감 등을 전부 느껴 보세요.

"이 두 컵에는 물과 기름이 있는데 어느 쪽이 물이고 어느 쪽이 기름일까?"
"투명한 쪽이 물이고 약간 누런 쪽이 기름이에요."

2 관찰하기 편하도록 물에 파란색 물감을 섞은 후, 식용유(기름)에 물을 약간 넣어 보고, 물에 식용유를 넣어 보면서 물과 기름이 서로 어떻게 되는지 관찰합니다.

Tip 물의 밀도가 더 크기 때문에 어느 것을 먼저 넣든 물이 항상 아래쪽으로 가게 됩니다.

3 물과 식용유를 1:1로 병에 넣은 후, 병을 흔들었다 놓아 보세요.

Tip 기름이 물과 섞이지 않고 작게 나뉘어져 있다가 다시 기름은 위쪽으로, 물은 아래쪽으로 이동합니다.

4 컵에 물을 담고 얼음을 넣어 얼음이 뜨는 것을 관찰하세요. 젓가락으로 눌러도 다시 떠오르는 것을 확인해 보세요. ★ 얼음의 밀도가 물보다 작기 때문에 얼음이 뜨게 됩니다.

5 반대로 기름에 얼음을 넣으면 어떻게 되는지 같은 방법으로 실험해 보세요.
★ 얼음의 밀도가 기름의 밀도보다 크기 때문에 얼음이 가라앉습니다.

6 기름과 물이 섞여 있는 경우 얼음은 뜰까요, 가라앉을까요? 3의 병에 얼음을 넣고 관찰해 보세요. ★ 얼음의 밀도가 물보다는 작고 기름보다는 크기 때문에, 얼음은 물과 기름 사이에 떠 있게 됩니다.

Step 2: 바다 풍경 만들기

7 투명한 유리병에 물을 반쯤 넣고 파란색 물감을 푼 후, 식용유를 넣어 병을 채워 주세요.

8 풍선을 조각조각 자른 후, 7의 병에 풍선 조각을 넣어 주세요. 그리고 젓가락으로 살짝 눌러 주세요. ★ 풍선 대신 얼음이나 지우개를 잘라 넣어도 좋아요.

9 풍선 조각이 얼음처럼 물과 기름 사이에 떠 있는 걸 확인할 수 있습니다. 병을 살살 흔들어 보세요. 물이 흔들리면서 풍선 조각도 이리저리 춤을 춘답니다.

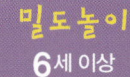
밀도놀이
6세 이상

찬물과 더운물의 포옹 물 나누기 마술쇼

엄마 따라 목욕탕에 갔을 때 더운물이 가득한 탕 속에 들어갔더니, 위쪽은 뜨거웠는데 아래쪽은 하나도 뜨겁지 않았던 경험 있나요? 어떻게 된 일일까요? 찬물과 더운물이 좋아하는 위치가 다르기 때문이에요.

놀이 목표
- 온도에 따른 밀도차

교과 연계
- 열 전달과 우리 생활

준비물
- 찬물, 더운물, 유리병 2개, 물감, 큰 페트병, 큰 그릇, 책받침 (또는 얇은 플라스틱 판)

이 놀이는요~

찬물과 따뜻한 물의 밀도차를 이용한 과학놀이입니다. 어른들은 경험상 당연하게 여기는 일들에 대해 아이들은 '왜'라는 질문을 하게 됩니다. 이러한 호기심들을 잘 충족시켜 주면 아이들이 과학에 조금 더 쉽고 편하게 다가갈 수 있는 밑거름이 된답니다.

Step 1: 찬물과 더운물의 여행

 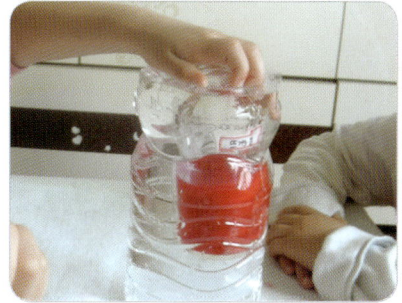 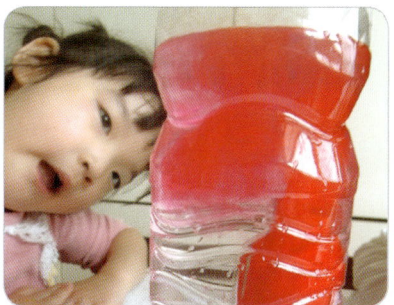

1 작은 음료수병에 50도 이상의 따뜻한 물을 넣고 빨간 물감을 풀어 주세요.

Tip 물의 움직임을 잘 관찰하기 위해 따뜻한 물에는 빨간 물감을, 차가운 물에는 파란 물감을 넣어요.

2 찬물이 담긴 큰 페트병에 이 유리병을 가만히 넣은 후, 물의 움직임을 관찰합니다.

3 빨간색 물(따뜻한 물)이 위로 올라가는 모습을 관찰할 수 있습니다. ★ 따뜻한 물이 차가운 물보다 밀도가 낮기 때문에 위로 올라갑니다.

 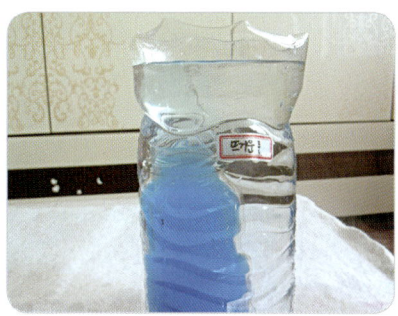

4 이번에는 작은 유리병에 차가운 물을 담고 파란 물감을 넣어 주세요.

5 따뜻한 물이 담긴 페트병에 4의 유리병을 가만히 넣은 후, 물의 움직임을 관찰합니다. ★ 차가운 물은 따뜻한 물보다 밀도가 더 높기 때문에 파란색의 차가운 물은 움직이지 않습니다.

실험 속 과학원리: 밀도와 질량

'밀도'란 '일정한 부피 속에 있는 물체의 질량수'를 가리킵니다. 아이들에게 설명할 때는 '빽빽함의 정도'로 이해시키면 좋아요. 뜨거운 물일수록 밀도가 낮은데, 뜨거울수록 물 입자들의 움직임이 활발하여 같은 크기 안에 들어 있는 입자 수가 더 적기 때문입니다.

Step 2: 찬물과 더운물의 포옹

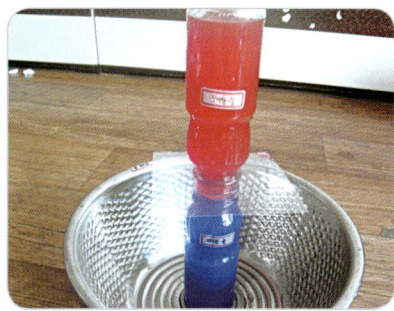 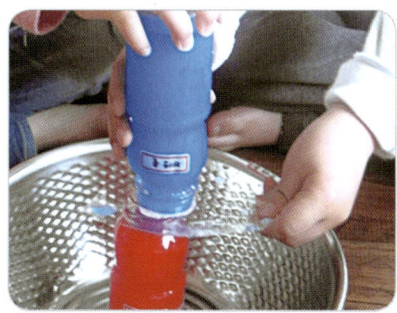 

6 크기가 같은 음료수병에 차가운 물과 따뜻한 물을 담아 준비합니다. 따뜻한 물의 병 입구를 책받침으로 막은 뒤 뒤집어 차가운 물의 병 입구에 맞춰 세웁니다. 따뜻한 물은 위에, 차가운 물은 아래에 둡니다.

7 책받침을 천천히 잡아당겨 뺀 후, 어떤 현상이 일어나는지 관찰해 보세요.

Tip 처음에는 두 병에 들어 있는 물의 온도 차이에 의해 물이 섞이지 않습니다. 하지만 시간이 지나 물의 온도가 서로 비슷해지면 서로 섞이게 됩니다.

8 물의 위치를 바꿔 찬물을 위에, 따뜻한 물을 아래에 놓고 같은 방법으로 실험해 보세요.

Tip 이번에는 곧바로 차가운 물이 아래로 내려오고 따뜻한 물이 위로 올라가서 서로 섞이게 됩니다. 두 물의 온도차가 클수록 더 빨리 섞이게 됩니다.

기압놀이
7세 이상

욕심을 막아요 가득 차기 전에 새는 컵

술이 일정량 이상 차오르면 모두 밑으로 흘러내려 버리도록 만든 잔이 있어요. '가득참을 경계하는 잔'이란 뜻의 계영배(戒盈杯)가 그것인데요, 오늘은 계영배를 만들어 아빠에게 선물하기로 해요.

놀이 목표
- 대기압의 차이 경험하기

교과 연계
- 탐구, 어떻게 할까요?

준비물
- 주름빨대, 고무줄, 뚜껑 있는 플라스틱 컵 2개, 양면테이프 또는 고무찰흙

이 놀이는요~

사이펀의 원리를 이용한 장난감 만들기 활동입니다. '사이펀'은 용기를 기울이지 않고 높은 곳에 있는 액체를 낮은 곳으로 옮기는 관을 가리키는데, 수세식 변기에서 물이 내려가는 원리가 바로 이 '사이펀의 원리'랍니다.

Step 1: 계영배 만들기

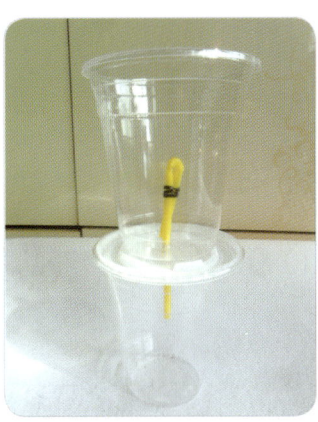

말풍선: 물이 새지 않도록 빨대와 컵을 틈 없이 연결해 주세요.

1 주름빨대를 구부려 고무줄로 살짝 묶은 다음, 구부러진 빨대 바로 밑에 양면테이프를 넉넉히 감아 주세요. 양면테이프 대신 고무찰흙을 사용해도 좋습니다.

2 컵의 바닥 중앙에 송곳으로 구멍을 뚫고, 1의 빨대를 양면테이프 부분이 구멍에 끼워지도록 합니다. 이때 빨대 입구가 컵바닥에서 1cm 정도 떨어지게 붙입니다.

3 2를 뚜껑 달린 컵과 연결하면 오늘의 실험기구인 계영배 완성!

Step 2: 계영배 관찰하기

4 천천히 물을 부어 보세요. 처음에는 컵 안에 물을 따라도 아래 컵으로 물이 흐르지 않습니다.

5 어느 높이에서 물이 흐르는지 관찰해 보세요. 물이 빨대의 구부러진 부분까지 올라오면 물방울이 떨어지면서 물이 새기 시작합니다.

6 아래 컵으로 계속 흐르던 물은 구부러진 빨대 입구가 드러나면 다시 흐르지 않고 멈춥니다.

실험 속 과학원리 — 사이펀의 원리

높은 곳의 물(A)에 호스를 넣고 입으로 빨아들이면 호스 속의 공기압이 낮아지면서 A의 물이 호스 속으로 빨려 들어가게 되고, 호스의 꼭대기를 지나는 순간부터는 중력의 힘으로 물이 아래로 흐르게 되는 것입니다.

사이펀의 원리가 이용된 곳
① 화장실 변기 ② 세면대 ③ 커다란 어항의 물을 갈아 줄 때도 사용합니다.

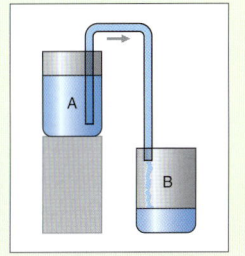

안개비를 뿜어요~ 간이 분무기 만들기

양력놀이 7세 이상

분무기로 물을 뿌려 본 적이 있나요? 미장원에서 머리에 칙칙, 엄마가 나뭇잎에 칙칙, 창문을 닦을 때 칙칙! 통 속의 물이 어떻게 안개처럼 뿌옇게 뿜으며 앞으로 나가는 걸까요?

놀이 목표
- 공기의 흐름과 압력 변화

교과 연계
- 탐구, 어떻게 할까요?

준비물
- 굵은 빨대 1개, 뚜껑 있는 통, 송곳, 셀로판테이프

이 놀이는요~

공기의 흐름에 따라 생기는 압력 차를 이용한 장난감을 만들어 베르누이의 원리를 경험해 볼 수 있는 활동입니다.

Step 1: 분무기 관찰하기

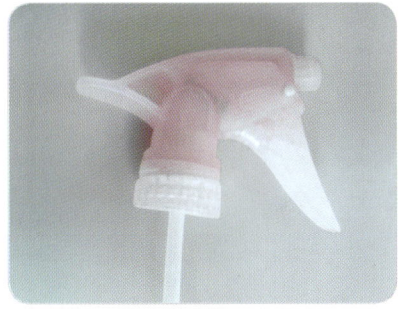

1. 아이에게 분무기를 보여 주고, 어떤 용도로 사용하는 것인지 이야기해 봅니다. 아이가 직접 물을 뿌리며 충분히 놀며 탐색하는 시간을 갖게 합니다.

2. 분무기의 물통과 손잡이 부분을 분리한 후, 손잡이 부분을 관찰할 수 있게 해 주세요.

"손잡이 부분을 손바닥에 대고 당겨 볼까? 무엇이 나오지?"
"바람이 나와요."
"아래쪽에 물이 있을 때는 물이 나왔는데 없으니까 바람만 나오는구나."

Step 2: 분무기 만들기

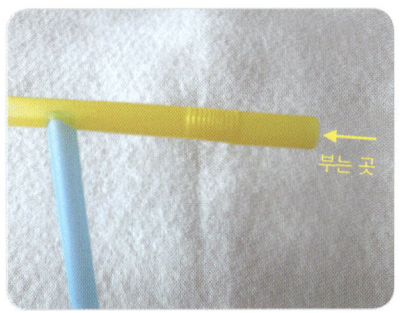

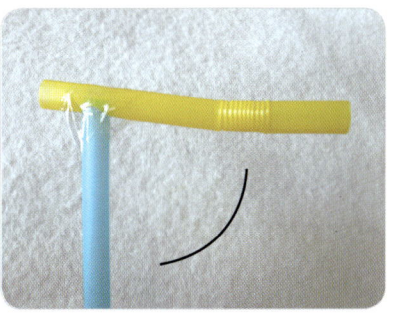

3. 빨대를 7cm 정도로 자른 후, 앞쪽에서 1cm 정도 떨어진 부분에 가위로 구멍을 내고 남은 빨대를 끼웁니다. 두 빨대가 만나는 부분의 각도는 85~90도 정도가 적당합니다.

4. 뚜껑이 있는 용기의 뚜껑에 구멍을 뚫은 후 3의 빨대를 넣고 불어 봅니다. 두 빨대의 각도를 조금씩 다르게 하여 불어 보면서, 물이 잘 나오는 각도를 찾아보세요. ★ 부는 힘이 약한 아이일 경우 조금 작은 용기를 준비해 주시고 아래쪽 빨대를 짧게 해 주세요.

"빨대를 좀 더 구부려서 불어 볼까? 좀 더 세게도 불어 보자."

5. 물이 잘 뿜어지는 각도를 찾았으면 빨대가 벌어지지 않도록 테이프로 고정해 주세요.

6. 간이 분무기 완성! 나만의 분무기로 신나게 놀아 보아요. 세게 불어 보고 천천히 불어 보면서 차이를 느껴 봅니다. 세게 불수록 입자가 작은 물방울들이 뿜어져 나옵니다.

Tip 컵이나 500ml 페트병을 이용해도 되지만, 적절한 각도를 찾는 과정에서 물이 쏟아질 수 있어요.

 **실험 속 과학원리 — 베르누이의 원리**

'베르누이의 원리'는 기체나 액체 같은 유체의 속도가 빨라지면 일정 지점에서 받는 압력이 낮아진다는 것입니다. 위 실험에서 위쪽 빨대에 바람을 세게 불어 위쪽 공기의 흐름이 빨라지면 위쪽 빨대 속의 압력이 낮아지면서 아랫쪽에 있는 컵의 물이 위로 밀려 올라오게 됩니다. 이때 위로 올라온 물은 다시 위쪽에 흐르는 빠른 공기들로 인해 앞쪽으로 뿜어져 나오게 된답니다.

에너지전환놀이 5세 이상

쌩쌩 잘도 돈다! # 감자로 만든 물레방아

물의 힘으로 빙글빙글 돌아가는 물레방아를 본 적이 있나요? 오늘은 감자와 페트병을 이용해 물레방아를 만들어 보기로 해요. 시원하게 돌아가는 물레방아와 함께 가족의 스트레스도 확 날아간답니다.

놀이 목표
- 에너지의 전환

교과 연계
- 에너지와 도구

준비물
- 감자(또는 무), 꼬치막대, 젓가락, 페트병(500ml 원통형), 가위

이 놀이는요~

물의 힘을 이용해 곡식을 찧던 농기구인 물레방아를 만들어 보세요. 높은 곳에서 떨어지는 물이 방아를 움직이는 힘으로 전환되는 과정을 경험할 수 있습니다. 우리 조상들이 다양한 과학적 도구들을 발명해 사용해 왔다는 것을 이해할 수도 있어요. 더불어 오늘날 우리가 사용하는 전기에너지는 태양, 물, 바람 등 다양한 자연의 에너지를 변환시킨 결과물이기도 하지요.

1 책이나 인터넷 등을 통해 물레방아를 찾아보고, 어떻게 쓰는 물건인지 이야기 나누어 보세요. 가족이 여행 갔던 사진 중에도 물레방아를 찾아보세요.

> **Tip** 물레방아는 높은 곳에서 떨어지는 물의 힘으로 바퀴를 돌려 그 힘으로 곡식을 찧는 기구입니다.

2 감자를 3×3×5cm 정도의 직육면체 모양으로 자릅니다.

3 젓가락을 이용해 길게 구멍을 냅니다.

4 젓가락으로 낸 구멍에 꼬치막대를 통과시켜요. 꼬치막대가 없다면 나무젓가락을 이용해도 됩니다. ★ 단, 막대보다 구멍이 더 넓어야 잘 돌아가겠죠.

5 원통형 페트병을 3×4cm 크기로 잘라 날개 4개를 만듭니다.

6 감자의 4면에 길게 칼집을 내고, 잘라 둔 플라스틱 날개를 꽂습니다. 유성펜으로 날개에 그림을 그려 넣어도 좋습니다. ★ 모든 조각이 같은 방향으로 휘어지도록 꽂습니다.

7 막대 끝을 양손으로 잡고 플라스틱 날개에 바람을 불어 보세요. 더 잘 돌아가는 방향이 있나요?

8 이번에는 물의 힘으로 돌려 볼까요? 물을 틀어 놓고 물레방아를 돌려 보세요.

물의 조건 다양하게 실험하기
1) 물 약하게 틀기 vs. 세게 틀기
2) 물 가운데에 붓기 vs. 날개 끝 쪽에 붓기
3) 물 높은 곳에서 붓기 vs 낮은 곳에서 붓기
→ 물이 셀수록, 날개 쪽에 치우칠수록, 높은 곳에서 떨어질수록 물레방아는 빨리 돈다는 사실을 알 수 있습니다.

Part 4 물 만난 과학

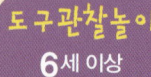
도구관찰놀이
6세 이상

도구는 편리해 내 이름은 깔깔 깔때기

이 페트병에서 저 페트병으로 물을 흘리지 않고 옮기려면 어떻게 해야 할까요?
그리고 어떤 도구가 필요할까요? 깔때기로 물을 옮겨 보세요. 콸콸콸 부어도 괜찮아요!

놀이 목표
- 주의 깊게 관찰하기
- 도구의 편리함

교과 연계
- 에너지와 도구

준비물
- 깔때기, 1.8L 우유통 또는 2L 페트병, 큰 그릇

이 놀이는요~

'관찰'은 과학에서 가장 중요한 기본 활동입니다. 또한 대부분의 도구는 주의 깊은 관찰을 통해 만들어지게 됩니다. 우리 생활 속에서 흔히 볼 수 있는 도구들을 사용해 보고 도구의 편리함을 경험해 보세요.

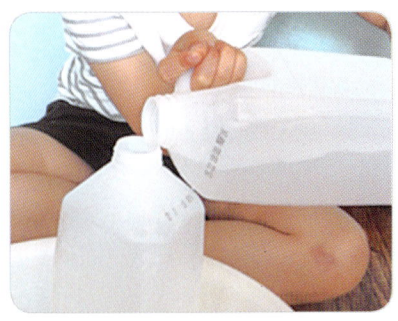

1 물 옮기기 빈 우유통에 물을 담고 다른 병으로 물을 옮겨 봐요. 물을 옮기면서 불편한 점에 대해 이야기 나눠요.

"물을 옮길 때 어떤 점이 불편하니?"
"입구를 잘 맞춰야 하고 천천히 부어야 해요. 그렇지 않으면 물이 옆으로 새요."

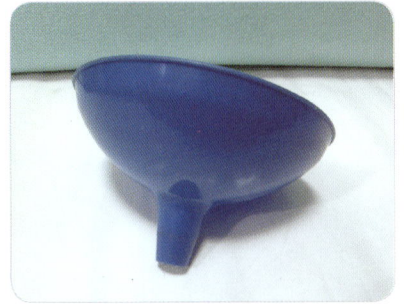

2 깔때기 관찰하기 깔때기의 모양을 관찰하고 용도를 알려 주세요. 그리고 물을 부으면 어떻게 될지 예상해 보아요.

"이건 깔때기라는 건데, 물이나 액체를 통에 담을 때 사용해."

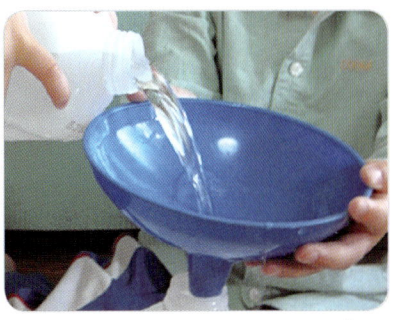

3 깔때기를 이용해 물을 부어 봅니다. 깔때기의 좋은 점을 서로 얘기해 보아요.

"깔때기에 부으니까 좁은 입구끼리 맞출 필요도 없고, 물이 하나도 안 흘러요."

4 깔때기에 물을 좀 더 콸콸 부으며, 물이 내려가는 모습을 관찰해 봅니다.

Tip 물을 너무 콸콸 부으면 병 속의 공기가 밖으로 나오지 못해서 물이 내려가지 않아요. 이때 깔때기를 살짝 들어 주어야 병 속의 공기가 밖으로 나올 수 있어서 물이 잘 들어가요. 또한 물을 관찰해 보면 물이 돌면서 내려가는 것을 알 수 있습니다.

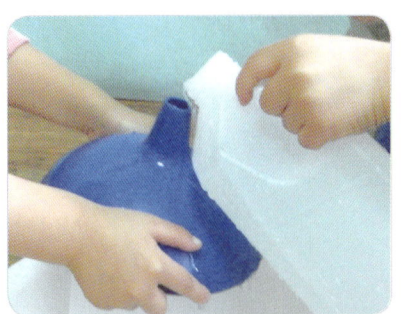

5 깔때기를 거꾸로 놓고 물을 부어 보아요. 물이 옆으로 새는 것을 보고 깔때기의 편리함에 대해 이야기해 주세요.

"깔대기는 넓은 쪽을 위로 해야 편리하겠다. 위가 넓어서 물을 마음 놓고 부을 수 있고 좁은 쪽을 아래로 놓아야 물이 모아지는구나."

6 집에 깔때기가 없다면 만들어 사용해 봐요. 원통과 삼각뿔 형태를 만들어 사용하면서 비교해 보는 것도 좋습니다.

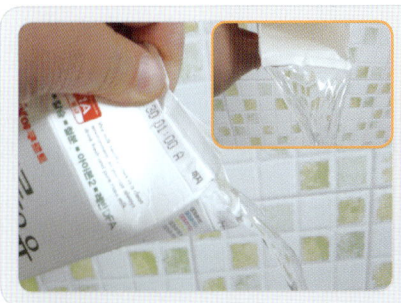

7 다른 것과 비교하기 우유팩의 한쪽 끝이 뾰족한 이유에 대해 이야기를 나눠 보세요. 우리 주변에서 깔때기나 우유팩처럼 물줄기를 모을 수 있는 것들을 더 찾아보세요. 예) 바가지, 계량컵

자연관찰놀이
5세 이상

건조한 건 싫어요 솔방울 천연 가습기

가습기도 전기도 없던 옛날, 우리 조상들은 솔방울을 보면 공기가 얼마나 건조한지, 날씨가 얼마나 맑은지 알 수 있었대요. 어떻게 알았을까요?

놀이 목표
- 식물의 생김새
- 식물이 종자를 퍼뜨리는 방법 탐구하기

교과 연계
- 식물의 세계

준비물
- 솔방울, 오목한 접시

이 놀이는요~

물을 머금으면 오므라들었다가 마르면서 활짝 펴지는 솔방울을 이용해 천연 가습기를 만들어 봐요. 씨앗을 품고 있는 솔방울은 씨앗을 좀 더 멀리 퍼뜨리기 위해 맑고 건조한 날씨에 솔방울을 펴서 씨앗을 내보낸답니다. 반면 비가 오거나 흐리면 씨앗을 지키기 위해 오므라드는 현상을 보입니다.

Step 1: 소나무와 솔방울 찾기

소나무 구별법
소나무 잎은 뾰족한 바늘잎이에요. 바늘잎이 2개씩 묶여 있으면 우리나라 토종 소나무이고, 3개씩 묶여 있으면 리기다소나무(수입품종), 5개씩 묶여 있으면 잣나무랍니다.

Tip 나무에 매달린 솔방울들은 오므리고 있는데, 땅에 떨어진 솔방울들은 줄기에서 수분 공급을 못 받기 때문에 벌어진 것들이 많아요.

1 공원이나 숲에서 소나무를 찾아봅니다. 잎을 보고 토종 소나무, 수입 소나무, 잣나무를 구별해 봐요.
"어떤 나무가 소나무일까? 잎의 개수로 찾아보자."

2 소나무 주변에 떨어진 솔방울을 채집해 자세히 관찰해 봅니다. 오므리고 있는 솔방울과 펴져 있는 솔방울을 비교해 보세요.

Step 2: 솔방울 관찰하기

3 모처럼 밖에 나왔으니 데구르르~ 굴리기도 한번 해 보면 좋겠죠?

4 주워온 솔방울 중 펴져 있는 솔방울은 물에 담그고, 오므리고 있는 솔방울은 헤어드라이기를 이용해 말려 봅니다. 어떤 변화가 생길까요? ★ 펴져 있는 솔방울을 물에 담그면 솔방울이 오므라듭니다. 반면 물을 흡수해 오므리고 있는 솔방울을 건조시키면 솔방울이 다시 펴집니다.

Step 3: 솔방울 가습기 만들기

5 주워온 솔방울을 물에 담근 후 칫솔 등으로 깨끗이 씻어 먼지와 이물질을 제거합니다.

6 물에 젖은 솔방울이 오므라들어 있는 모습을 관찰할 수 있습니다. 예쁜 그릇에 담아 방 한쪽에 두면 천연 가습기 완성! 진짜 가습 효과가 있어요.

7 하루나 이틀 정도 지나면 솔방울이 다 말라서 활짝 펴집니다. 다 마른 솔방울을 물에 담갔다 꺼내 놓으면 다시 가습기가 틀어지는 거겠죠?

PART 5

어떤 원리가 숨어 있을까?
명탐정 과학놀이

빈 종이에서 스르르 비밀편지가 보여요.
발레리나가 혼자서 빙글빙글 춤을 춰요.
이건 마술일까요, 과학일까요?
아이들의 입에서 탄성을 자아내는 신기한 과학놀이들을 통해
그 속에 어떤 원리가 숨어 있는지 하나하나 찾아보기로 해요.
위대한 탐정이 될 준비, 다들 되셨나요? 출발!

쉿! 비밀이에요!

식초로 쓴 비밀편지

물질특성놀이 **6세 이상**

영화를 보면 비밀문서를 찾아낸다 해도 정작 중요한 내용을 볼 수 없는 경우가 있지요.
꼭 보여 주고 싶은 사람만 볼 수 있게 하는 비밀편지를 써 보세요.

놀이 목표
- 소다의 특성 알기
- 식초의 특성 알기

교과 연계
- 우리 생활과 물질

준비물
- 소다, 식초, 종이컵, A4종이, 면봉, 다리미

이 놀이는요~

우리 주변에서 흔히 볼 수 있는 소다와 식초를 이용하여 비밀편지를 쓸 수 있다는 사실을 알고 있나요? 물을 잘 흡수하는 소다의 성질과 물을 탈수시키는 식초의 성질을 이용한 재미있는 과학놀이입니다. 소다와 식초로 글씨를 쓰고 각각의 성질에 맞게 하나는 물에 담그고 하나는 가열하면 잘 보이지 않았던 글자들이 마술처럼 나타난답니다. 나의 마음을 비밀편지로 전달해 보세요.

Step 1: 소다로 쓴 비밀편지

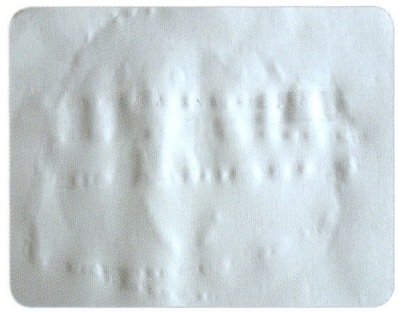

1 종이컵 1/2 분량의 물에 소다 1순가락을 넣고 잘 저어 준비하세요.

2 1의 소다물을 면봉에 찍어 도화지에 그림을 그리거나 글씨를 쓴 후 헤어드라이기를 이용하여 완전히 말려 주세요. 자세히 보면 소다 가루가 보여요.

3 조금 떨어진 곳에서 소다편지를 보여 주며 내용이 보이는지 확인합니다. 너무 가까이서 보면 소다 가루가 보일 수도 있답니다.

"엄마가 너희들한테 하고 싶은 얘기를 그림으로 그렸어. 어떤 그림일까?"
"잘 모르겠어요."

4 대야나 세면대에 물을 받아서 편지지를 담급니다.

"이 편지는 비밀편지야. 물에 넣어야만 볼 수 있어."

5 종이가 물에 젖으면서 소다물로 그린 것이 드러납니다.

> **Tip** 소다는 물을 좋아해서 물을 빨리 빨아들입니다. 즉, 종이의 다른 곳보다 소다로 글씨를 쓴 부분이 더 빨리, 더 많이 젖기 때문에 글씨가 보이게 됩니다.

> **Tip** 식초가 종이에 닿게 되면 종이의 수분을 탈수시키는데, 이때 다리미로 열을 가하면 다른 부분보다 수분이 적어 더 빨리 타게 됩니다.

Step 2: 식초로 쓴 비밀편지

6 식초를 이용해서 글씨를 써 보세요. 식초 대신 레몬을 사용해도 좋습니다.

7 면봉에 식초를 묻힌 후 여러 번 덧칠해서 글씨를 씁니다.

8 종이를 다리미로 다리면 식초로 쓴 부분이 먼저 누렇게 변해요.

자석놀이 4세 이상

자석 구조대 출동! # 클립 구출 작전

앗, 손에 들고 있던 클립이 물통 속에 풍덩 빠져 버렸어요. 손을 넣을 수도 없고, 안에 들어 있는 물을 다 쏟아 버릴 수도 없고… 어린이 여러분, 이럴 땐 어떻게 하면 좋을까요?

놀이 목표
- 자석에 붙는 물체

교과 연계
- 자석의 성질

준비물
- 클립, 자석, 투명 플라스틱컵 (유리컵) 또는 페트병

이 놀이는요~

자석은 아이들이 정말 좋아하는 과학도구입니다. 하지만 흔한 도구라고 여겨서인지 오히려 자석을 가지고 충분히 놀아 본 경험이 있는 아이들이 많지 않습니다. 오늘은 자석을 가지고 '자석에 붙는 것'과 '붙지 않는 것'을 충분히 탐색할 시간을 갖게 해 주세요.

Step 1: 클립을 잡아당기는 자석

1 2L 페트병 안에 클립을 넣어 준비합니다. 아이와 함께 클립을 어떻게 꺼내면 좋을지 생각해 봐요.

> **Tip** 병 뒤집기, 젓가락 사용 등 아이의 모든 의견을 수용하고 실행해 볼 수 있도록 도와 주세요.

2 이번에는 병을 뒤집거나 안쪽에 뭔가를 넣지 않고 페트병 바깥에서 클립을 꺼낼 수 있는 도구를 생각해 보게 하세요. 그리고 자석을 제시하여 클립을 꺼내도록 합니다.

"쇠로 만들어진 클립과 아주 친한 물건이 있는데, 무엇일까?"

3 물을 넣어도 자석의 힘이 통할지 이야기 나누어 봅니다. 그리고 클립이 든 페트병에 물을 가득 채우고 병 밖에 자석을 대고 클립을 움직여 봅니다.

Step 2: 자석 탐색

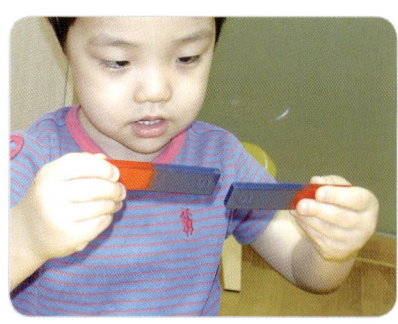
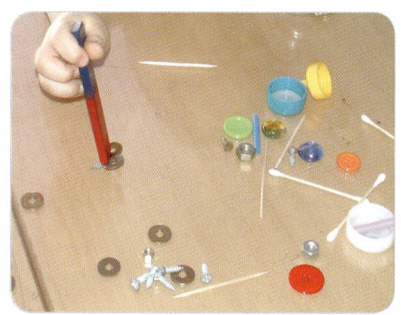

4 자석의 힘을 느껴 봐요. 자석에 클립이 몇 개나 붙을 수 있는지 예상해 보게 한 후, 자석에 많이 붙여 보게 하세요.

> **Tip** 폐차장에서 자동차를 이동시킬 때 이용할 정도로 힘이 센 자석도 있답니다.

5 두 개의 자석을 가지고 같은 극끼리 밀어내고, 다른 극끼리는 잡아당기는 자석의 성질을 관찰합니다.

6 여러 가지 물건들을 펼쳐 놓고 이 중 자석에 붙는 것은 무엇인지 생각해 봐요. 각각의 물건에 자석을 대 보고 '자석에 붙는 것'과 '자석에 붙지 않는 것'을 구별해서 그릇에 옮겨 놓아요.

> **Tip** 자석은 쇠로 된 물건 중에서도 철에 붙습니다. 따라서 음료수 캔 중, 알루미늄캔과 철캔을 분리하는 데 자석을 사용하기도 합니다.

클립이나 옷핀 등 자석에 붙는 물체를 이용해서 찾아보세요. 클립이 붙는 곳에는 자석이 숨어 있답니다.

7 집안 물건 중 자석이 숨어 있는 물건들을 찾아봐요. 예) 냉장고의 문, 옷장, 필통 등

자석놀이 7세 이상

우아하게 돌아요 빙글빙글 자석 발레리나

빙글빙글 돌면서 춤을 추는 발레리나를 본 적이 있나요? 자석을 이용하여 빙글빙글 회전하는 발레리나를 만들어 보세요. 발레리나는 빙글빙글, 우리 아이는 싱글벙글 즐거운 추억이 만들어집니다.

놀이 목표
- 자석의 극 찾아보기
- 자기력 알아보기

교과 연계
- 자석의 성질

준비물
- 둥근 자석 2개, 밑이 둥근 통(뽑기통), 쟁반 또는 과자상자, 지점토, 빨대, 나무젓가락

이 놀이는요~

같은 극끼리는 서로 밀어내고, 다른 극끼리는 서로 끌어당기는 자석의 성질을 이용한 과학놀이입니다. 둥근 자석은 극이 없는 거 아니냐고요? 둥근 자석은 앞면과 뒷면의 극이 서로 다르답니다.

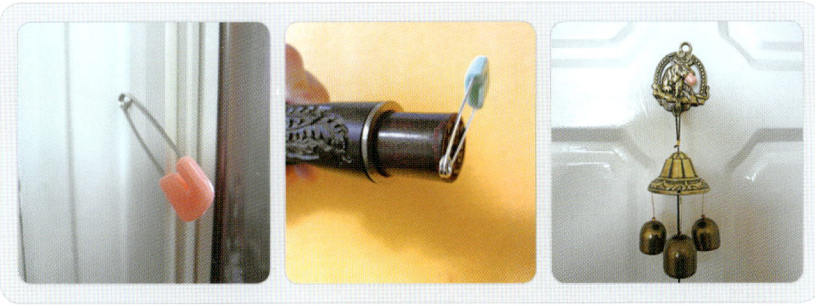 

1 집안에 있는 물건 중 자석이 들어 있는 것을 찾아본 후, 그 자석의 편리함에 대해 이야기를 나누어 보세요.

"냉장고 문에도 자석이 들어 있단다. 왜 자석이 들어 있을까?"
"잘 닫혀져요."

2 둥근 자석 두 개를 준비하여, 자석 한 개에 색깔 스티커를 붙인 후 나무젓가락에 고정시킵니다.

  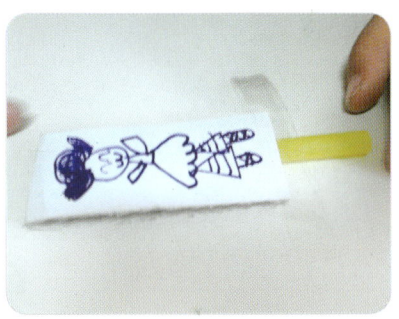

> 뽑기통이 없다면 탁구공을 반으로 잘라 이용해도 됩니다.

3 나머지 자석을 두꺼운 종이 위에 올려놓고 2의 나무젓가락 자석을 밑으로 가져가 서로 당기면 다른 색 스티커를, 밀어내면 같은 색 스티커를 붙입니다.

4 뽑기통처럼 밑이 둥근 용기에 자석을 놓고, 그 위에 지점토를 넣고 꼭꼭 눌러 줍니다.

5 발레리나를 그려 빨대에 붙입니다.

> **Tip** 막대에 붙여도 좋지만 빨대가 고무찰흙에서 더 단단히 서 있습니다.

  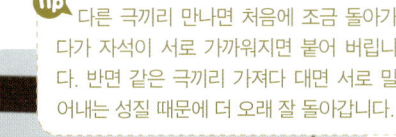 

> **Tip** 다른 극끼리 만나면 처음에 조금 돌아가다가 자석이 서로 가까워지면 붙어 버립니다. 반면 같은 극끼리 가져다 대면 서로 밀어내는 성질 때문에 더 오래 잘 돌아갑니다.

6 5를 고무찰흙에 꽂고 흔들리지 않게 세웁니다.

7 물건을 양쪽으로 쌓은 후 플라스틱 쟁반을 걸쳐서 무대를 만든 다음, 발레리나를 올려 놓습니다. 손을 움직일 수 있도록 무대 아래쪽은 뚫려 있어야 합니다. ★ 쟁반 대신 과자상자를 이용해도 됩니다.

8 댄스 타임! 발레리나 아래쪽에 나무젓가락 자석을 대면 빙글빙글 돕니다. 같은 극을 댔을 때와 다른 극을 댔을 때 중 어느 쪽이 더 잘 도는지 찾아보세요.

오르락 내리락 춤추는 포도알

기포놀이 5세 이상

아이들이 넘치는 에너지를 주체하지 못해 집안에서 난리법석인 날이 있죠? 그런 날 아주 좋은 놀이를 소개합니다. 엘리베이터를 탄듯 저절로 오르락내리락 하는 포도알이 아이들 시선을 단번에 사로잡아요.

놀이 목표
- 사이다에 녹아 있는 이산화탄소 관찰하기

교과 연계
- 용해와 용액

준비물
- 사이다, 포도알 또는 작은 단추나 방울토마토, 투명컵

이 놀이는요~

사이다 안에는 '이산화탄소' 기체가 녹아 있습니다. 그런데 뚜껑을 따거나 흔들면 녹아 있던 이산화탄소가 다시 기체가 되어 뽀글뽀글 기포로 올라오게 됩니다. 늘 마시던 사이다 안에도 과학의 원리가 숨어 있다니 참 신기하죠?

Step 1: 사이다 관찰하기

1 사이다를 유리컵에 따라서 뽀글뽀글 올라오는 공기방울(기포)을 관찰해 보세요. 어떤 것은 컵에 붙어 있기도 하고 어떤 것은 위로 올라와서 터지기도 합니다.

2 사이다를 따른 컵에 빨대를 넣어 기포들의 움직임을 관찰해 보세요. 기포들이 빨대에 달라붙어 빨대가 점점 위로 떠오르는 것을 볼 수 있어요.

3 빨대를 빼고 이번에는 포도알을 넣어 보세요. 포도알이 위아래로 움직여요. 포도알이 위로 갈 때와 아래로 갈 때 기포들이 어떻게 달라지는지 잘 관찰해 보세요.

4 포도 외에 딸기, 방울토마토, 건포도 등 여러 가지 물체들을 넣어 실험해 보세요. 또한 귤처럼 무거운 물체는 넣어서 안 떠오르는 것을 확인한 후, 잘라서 넣어 떠오르게 해 보셔도 좋아요.

기포와 물체의 움직임
사이다는 이산화탄소를 높은 압력으로 물 속에 녹여 놓은 음료수입니다. '기포'는 물 속에 녹아 있던 이산화탄소가 병 뚜껑을 따는 순간 (압력이 낮아지면서) 빠져나와 생긴 공기방울입니다. 물체에 기포들이 많이 달라붙으면 위로 떠오르고, 기포들이 터지면 아래로 내려옵니다. 여기서 기포는 우리가 수영할 때 튜브의 역할과 같습니다. 물체의 크기에 따라 뜨고 가라앉는 속도는 달라집니다.

5 컵에 따르고 남은 사이다병을 위아래 좌우로 신나게 흔들어 보세요.

Tip 사이다의 기포로 인해 발생한 부력보다 더 무거운 물체는 기포가 많이 붙어도 위로 떠오르지 않습니다.

Tip 사이다를 흔들게 되면 사이다 속의 이산화탄소 기체들의 운동량이 증가하면서 녹아 있던 이산화탄소가 더 빨리 빠져나오게 됩니다.

Step 2: 사이다에 가루 넣기

6 설탕 넣기 포도알보다 작은 물체를 사이다에 넣으면 어떻게 될까요? 먼저 설탕가루를 넣고 기포들이 어떻게 반응하는지 살펴봅니다.

7 소금 넣기 이번에는 굵은 소금을 넣고 기포들이 어떻게 반응하는지 살펴봅니다.

8 밀가루 넣기 이번에는 밀가루를 넣고 잘 저어 줍니다. 그리고 기포들이 설탕, 소금과 어떻게 다르게 반응하는지 살펴봅니다.

Tip 기포들은 물체의 표면에 달라붙는 것을 좋아합니다. 특히 고운 가루 형태의 알갱이는 표면적이 넓어서 더 많은 기포들이 달라붙게 됩니다(표면 촉매 현상). 소금과 설탕은 사이다에 녹아 들어가면서 반응이 잠잠해지지만 사이다에 녹지 않는 밀가루는 반응도 크고 더 오래 갑니다.

무게중심놀이 6세 이상

신나는 동전 마술! 지폐 위에 동전 올리기

장난감도, 책도 없이 외출했는데 아이가 지루해해서 난감했던 경험, 다들 있으시죠? 그럴 땐 동전을 꺼내 보세요. 지폐 위의 아슬아슬 동전 서커스~! 내 아이도 곧바로 집중력 강한 아이가 됩니다.

놀이 목표
- 물체의 균형
- 마찰

교과 연계
- 탐구, 어떻게 할까요?

준비물
- 동전, 지폐

이 놀이는요~

지폐의 모서리 위에 동전을 올릴 수 있을까요? 지폐를 세우기도 어렵다고요? 더구나 이 얇은 지폐 위에 무거운 동전을 올려 놓으려면 어떻게 해야 할까요? 지폐가 서서히 펴지면 동전은 조금씩 움직이면서 스스로 무게중심을 잡아 떨어지지 않게 된답니다.

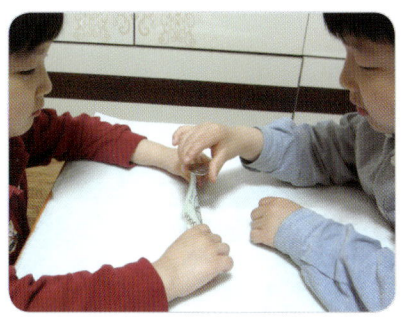  

1 아이와 함께 지폐를 세울 수 있는 방법을 생각해 봅니다. 다양한 방법을 시도해 보세요.

> **Tip** 지폐 대신 적당히 빳빳한 종이를 사용해도 됩니다.

2 지폐를 세우는 방법을 찾았나요? 지폐를 살짝 접었다 펴서 세우면 됩니다.

3 접힌 지폐 위에 동전을 올려 보세요. 접힌 지폐는 받치는 부분이 넓어져 동전을 쉽게 올릴 수 있습니다.

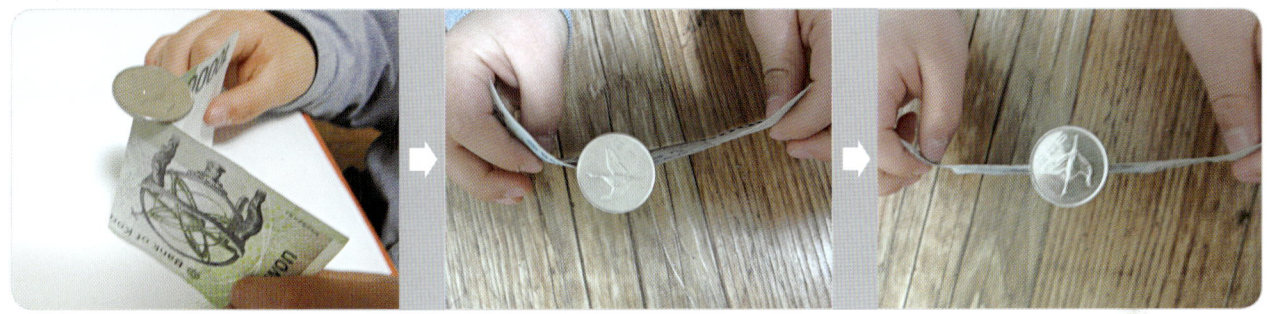

4 자, 이제 지폐 위에 동전을 올려둔 채 지폐를 천천히 펴 보세요. 지폐가 완전히 펴진 후에도 지폐 위에 동전이 세워져 있습니다.

> **Tip** 동전이 지폐 위에 세워지는 이유는 지폐가 조금씩 펼쳐지면서 동전이 스스로 조금씩 움직이며 무게중심을 잡기 때문입니다.

이렇게도 놀아요

저절로 균형 잡는 신기한 막대

준비물: 자 또는 막대 모양의 긴 물건

1. 양손을 세로로 세운 후 검지 위에 막대 모양의 물건을 올려놓습니다.
2. 두 손을 '천천히' 가운데로 움직여 보세요.
3. 손이 똑같이 가까워지지 않고, 한쪽 손을 먼저 움직였다가 다시 다른 쪽이 균형을 맞추기 위해 움직이는 패턴을 반복합니다.
4. 두 손이 가운데서 만날 때 한 손을 조금 더 중앙으로 살짝 움직인 뒤 다른 손을 빼면 막대가 손 위에서 중심을 잡고 서 있습니다.

> **Tip** 이는 무게중심에서 먼 곳에 있는 쪽 손이 상대적으로 막대 무게의 영향을 덜 받게 되어 마찰력이 작기 때문에 무게중심 쪽을 향해 움직이게 됩니다.

Part 5 명탐정 과학놀이

아슬아슬 줄타기 중심잡기 놀이

무게중심놀이 5세 이상

피에로 아저씨가 가는 줄 위에서 아슬아슬 묘기를 부려요. 피에로 아저씨가 떨어지지 않는 이유는 무엇일까요? 길다란 막대가 중심을 잘 잡을 수 있게 도와주기 때문이지요.

놀이 목표
- 물체의 균형 잡기

교과 연계
- 탐구, 어떻게 할까요?

준비물
- 연필(짧을수록 좋아요), 철사, 고무찰흙, 굵은 실, 색종이

이 놀이는요~

손끝에 연필을 오래 세울 수 있는 방법을 찾아보면서 무게중심 잡는 법을 경험할 수 있어요.

1 손가락에 연필 올리기 끝이 뾰족한 연필을 손가락에 올려 보면서 잘 서지 않는 이유에 대해 이야기합니다. 손등과 손바닥, 손가락 등 다양한 부위에 올려 봅니다.

"왜 연필이 서지 않을까?"
"아래쪽이 뾰족하고 위로만 길어서 그런 것 같아요."

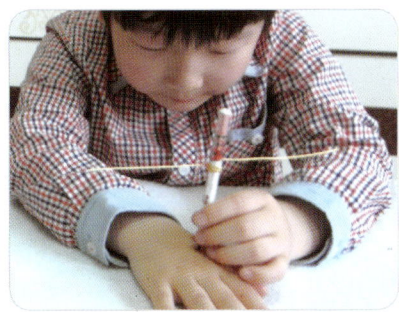

2 연필 변형하기 곡예사들은 팔을 벌리고 줄을 타죠? 곡예사의 벌린 팔처럼 연필에 철사를 감은 후 손 위에 올려 봅니다. 이번에도 잘 서지는 않을 거예요.

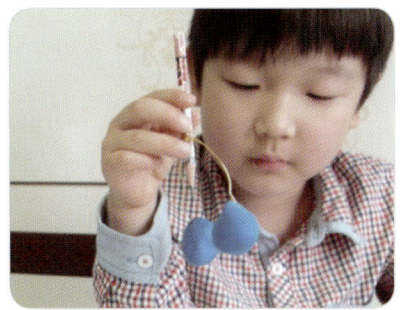

3 고무찰흙 붙이기 적당량의 고무찰흙을 떼어내어 동그랗게 만든 후 철사의 양쪽 끝에 매답니다.

"찰흙이 붙으니까 무거워졌네?"

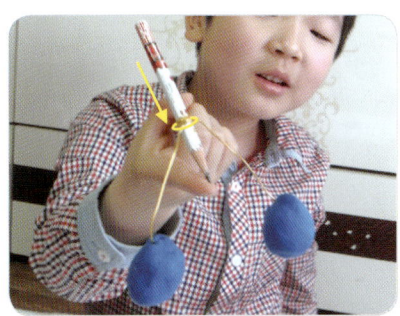

4 철사를 조금씩 아래로 내리면서 연필 세우기를 시도해 보세요. 어느 순간 연필이 중심을 잡고 서게 됩니다.

Tip 찰흙의 위치가 받침점 역할을 하는 손가락보다 아래로 내려가야 연필이 중심을 잡고 서게 됩니다.

5 줄 위에 올리기 그럼 이제 실을 타 볼까요? 엄마가 실 양쪽을 팽팽히 잡아당기고, 아이가 연필을 올려 보도록 하세요. 가느다란 실 위에서 연필이 중심을 잘 잡고 있습니다.

Tip 아이가 어린 경우 연필의 심 부분은 제거해 주시면 중심 잡기가 편해요.

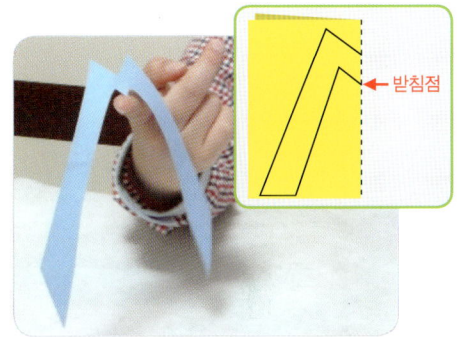

6 색종이를 반으로 접은 후, 그림과 같이 잘라 손가락 위에 올려놓아 보세요. 손가락뿐만 아니라 연필 끝에서도 잘 서 있는답니다.

 무게중심

한 물체의 어떤 곳을 매달거나 받쳤을 때 수평으로 균형을 이루는 점을 '무게중심'이라고 합니다. **무게중심을 받치면 물체 전체를 떠받칠 수 있지요.** 위 실험처럼 무게중심이 받침점보다 아래에 있으면 안정적인 균형을 잡을 수 있답니다. 보통 물건을 운반할 때 손바닥으로 받쳐 들지 않고 봉지나 가방에 넣어 들고 다닙니다. 이것은 운반의 편리함을 위한 것이지만 무거운 것이 위쪽에 있는 것보다 아래쪽에 있는 것이 더 안정적이기 때문이기도 하지요.

떨어지지 않아요 # 벼랑 끝의 포크와 동전

무게중심놀이
6세 이상

포크와 동전이 벼랑 끝에 서 있어요. 하지만 포크가 동전을 꼭 안고 있어서 동전도 포크도 떨어지지 않아요. 포크와 동전은 어떻게 균형을 잡고 서 있을까요? 집에서든 외출해서든 쉽게 해 볼 수 있는 실험이라 좋아요.

놀이 목표
- 물체의 균형 잡기

교과 연계
- 탐구, 어떻게 할까요?

준비물
- 500원짜리 동전, 같은 크기의 철제포크 2개, 컵

이 놀이는요~

식탁 위의 포크와 유리컵으로 간단하게 균형 잡기를 해 보는 실험이에요. 받침점인 동전보다 무게중심이 아래쪽으로 가게 되면 포크와 동전이 유리잔의 가장자리에서 떨어지지 않고 균형을 잘 잡고 서 있게 된답니다.

 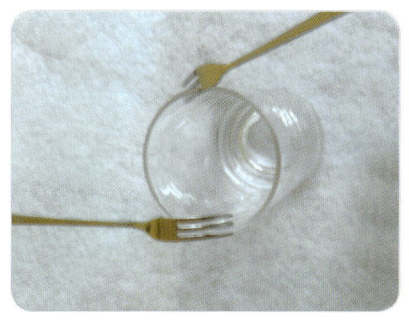 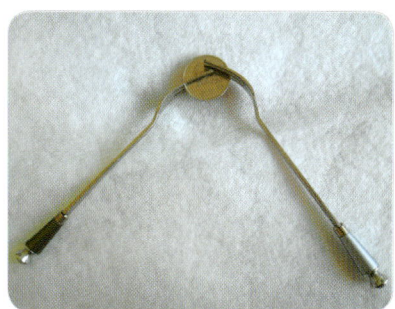

1 컵의 가장자리에 포크와 500원짜리 동전을 올려 보게 하세요. 여러 가지 방법으로 시도할 수 있도록 격려해 주세요.
"동전은 어떻게 컵 가장자리에 올릴 수 있을까?"

2 포크의 경우, 컵 가장자리에 끼우는 것도 좋은 방법이에요. 포크끼리 끼워서 컵에 걸쳐 놓아도 좋아요.

3 동전의 양쪽에 포크를 똑같이 끼웁니다.

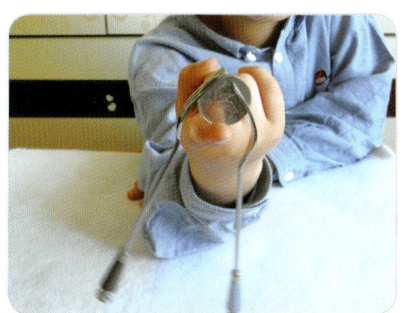 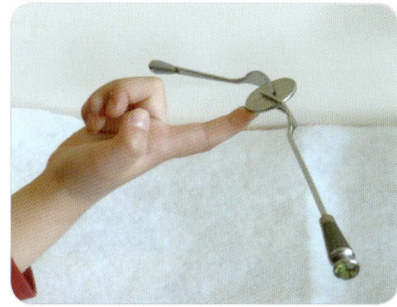 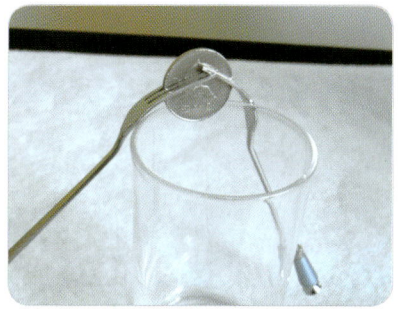

4 연결한 동전과 포크를 손가락 끝에 올려 보세요. 동전이 손끝에서 균형을 잡고 서 있습니다.

5 포크의 간격을 더 벌려 볼까요? 두 개의 포크가 거의 일자가 되도록 간격을 넓힌 후 손가락 끝에 올려 봅니다. 동전이 아까보다 살짝 기울어지면서 균형을 잡습니다.

6 자, 이제 컵 가장자리에 올려 볼 차례입니다. 합체한 동전과 포크를 컵의 가장자리에 올려 보세요.

Tip 두 포크가 만드는 각도가 작아질수록 무게중심이 아래쪽으로 이동하기 때문에 동전이 점점 일어서게 됩니다.

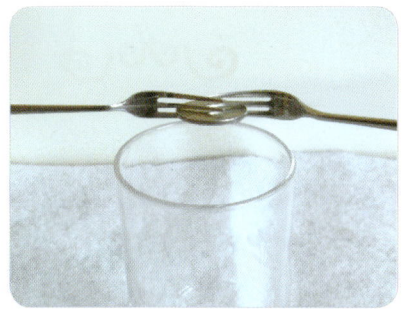

7 이번에는 두 포크가 거의 일자가 되도록 간격을 넓힌 후 컵 가장자리에 올려 보세요. 신기하게도 동전이 균형을 잡고 서 있습니다.

Tip 포크와 동전을 포함한 전체의 무게중심이 받침점이 되는 동전의 아래쪽에 있기 때문에 동전이 쓰러지지 않고 균형을 잡고 서 있게 됩니다.

에너지보존놀이 7세 이상

팅겨라 팅겨! 동전 충돌

정지해 있는 동전을 다른 동전으로 맞히면 두 동전은 각각 어떻게 움직일까요? 여러 가지 방법으로 동전을 놓아 보고 서로 맞추어 보세요. 본인의 예상이 맞는지 눈을 크게 뜨고 관찰해 보세요.

놀이 목표
- 충돌에 의한 운동 상태 변화
- 물체의 에너지 전달

교과 연계
- 탐구, 어떻게 할까요?

준비물
- 동전 5개, (길이가 같은) 책 2권

이 놀이는요~

충돌하는 두 동전 간의 에너지 교환을 이용한 과학놀이입니다. 같은 크기의 동전을 충돌시키면 부딪치는 동전과 타깃 동전 사이에 '에너지의 교환'이 일어나게 됩니다. 알까기 놀이를 할 때 정면 충돌한 내 알이 그 자리에 멈추고 상대편 알만 앞으로 밀려 나가는 경우가 이에 해당하지요.

Step 1: 동전 튕기기

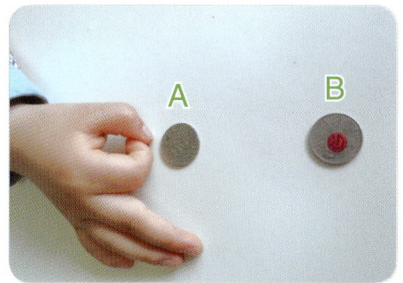 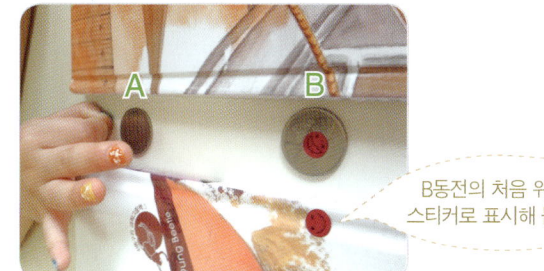

B동전의 처음 위치를 스티커로 표시해 둡니다.

1 동전 두 개로 튕기기 연습을 해 봅니다. 타깃 동전은 스티커로 표시해 두세요. 두 동전의 위치가 어떻게 달라지는지 관찰해 보세요. ★ 아이가 어리면 검지로 밀어내도 좋습니다.

"똑바로 맞추면 B동전은 앞으로 튀어나가고 A동전은 멈추는데, 조금 빗겨서 맞으면 서로 다른 방향으로 튕겨나가는구나."

2 동전보다 조금 넓게 책 두 권을 놓아서 동전이 정면충돌할 수 있게 합니다. 스티커가 붙은 동전을 중간쯤에 놓고 아이 앞에 놓인 동전으로 튕겨 봅니다.

Tip A동전은 B동전이 있었던 곳 근방에 머물고 A동전의 운동하는 힘을 전달받은 B동전만 튕겨 나가게 됩니다.

Step 2: 타깃 동전의 개수 늘리기

되도록 틈이 없이 붙여주세요.

3 B동전 앞에 동전 두 개를 더 놓아 계속 실험을 해 보세요. 동전을 튕기기 전에 어떻게 될지 예상해 봅니다.

"동전을 치면 동전이 몇 개가 움직일까?"
"셋 다 앞으로 쭉 갈 것 같아요."

4 동전을 튕기면 가장 앞에 있는 동전만 운동에너지를 전달받아 앞으로 튕겨 나갑니다.

5 동전을 네 개, 다섯 개로 늘려 가며 3, 4번 과정을 반복해 봅니다.

Tip 충돌된 에너지만큼만 정지해 있던 동전에 전달됩니다. 동전 한 개가 와서 부딪힌 경우 앞에 여러 개의 동전이 있어도 단 한 개의 동전만 튕겨져 나가게 됩니다.

Step 3: 튕기는 동전의 개수 늘리기

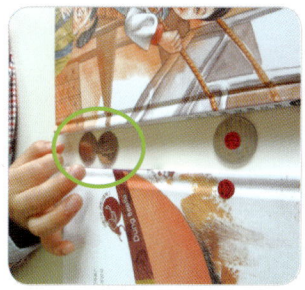  

Tip 타깃 동전의 수에 관계없이 튕기는 동전의 수만큼 동전이 튕겨나가는 것을 관찰해 보세요.

6 이번에는 튕기는 동전의 개수를 늘려서 실험을 해 봅니다. 이때도 동전을 튕기기 전에 꼭 결과를 예상해 보는 과정을 거치도록 합니다.

7 동전이 두 개가 부딪힌 경우 정지해 있던 동전과 충돌한 동전 중 하나가 같이 앞으로 튕겨져 나가게 됩니다.

8 튕기는 동전을 세 개로 늘려서 실험을 해 봅니다. 결과가 어떻게 달라질까요?

"세 개가 부딪히면 세 개가 튕겨져 나가겠네요?"
"맞아, 부딪힌 동전의 개수만큼 튕겨 나가는 거야."

손가락 나와라 뚝딱! 양초로 만든 손가락

물질특성놀이 6세 이상

예술과 과학은 관계가 아주 깊어요. 레오나르도 다빈치는 천재적인 예술가인 동시에 위대한 과학자이기도 했죠. 양초와 찬물로 손가락 모형을 만들어 보아요. 잘 만들면 예술, 약간 어색하면 과학놀이를 한 거랍니다.

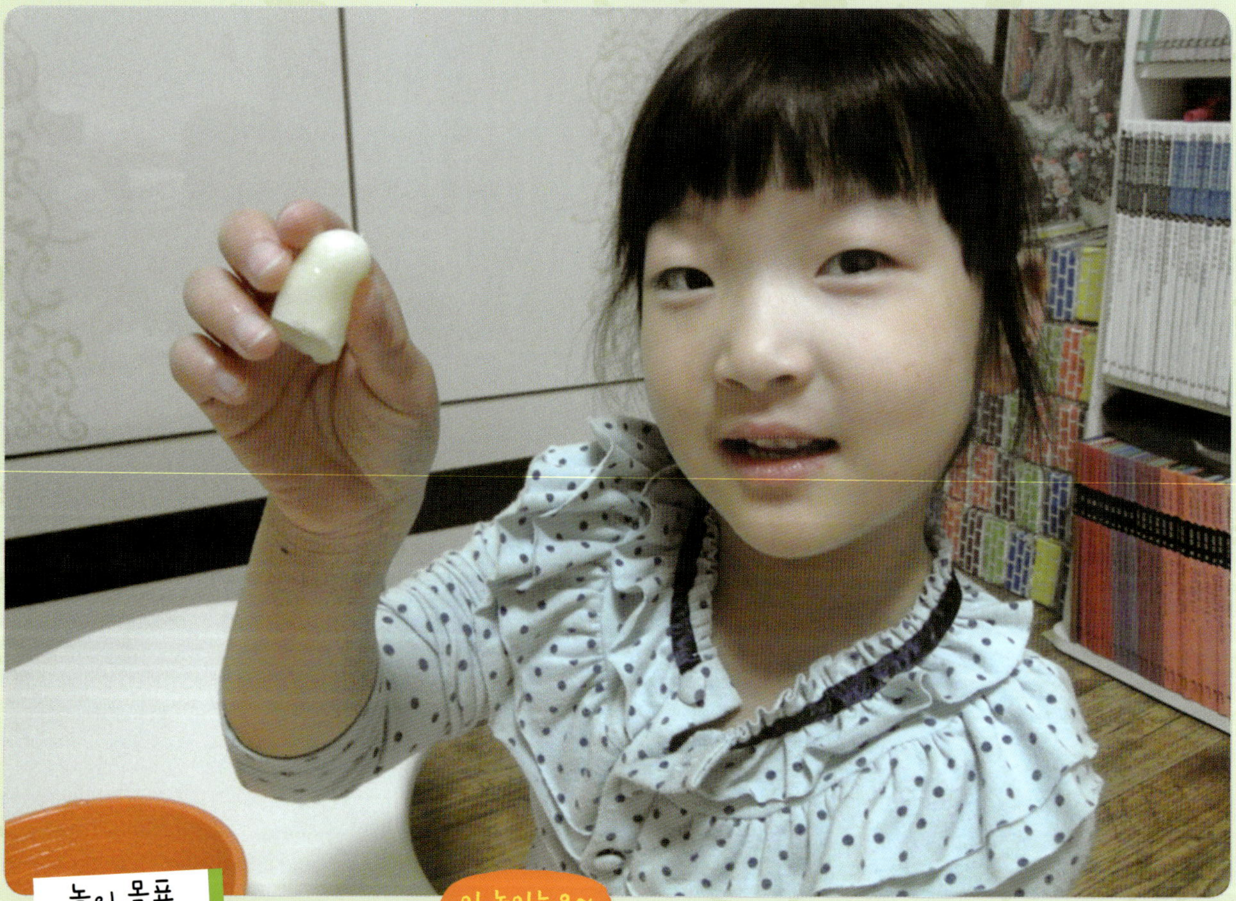

놀이 목표
- 온도에 따른 물질의 상태 변화

교과 연계
- 열 전달과 우리 생활

준비물
- 양초, 종이컵, 찬물

이 놀이는요~

양초(고체)를 가열하면 녹아서 액체인 촛물이 되었다가 온도가 낮아지면 다시 굳어 고체가 됩니다. 녹는점이 낮은 양초를 통해 '고체가 액체'로 녹았다가 다시 '액체가 고체'로 변하는 과정을 직접 체험하는 과학놀이입니다. 양초는 녹는점이 45~65℃로 낮은 편이라, 온도에 따른 액체↔고체 간의 상태 변화를 관찰하기에 좋습니다. 손을 찬물에 충분히 담갔다가 실험하면 양초 녹은 물에 데일 염려 없으니 걱정하지 마세요.

1 양초를 관찰해요. 불을 켜지 않은 양초는 단단한 고체이지만, 불을 붙이면 심지 근처의 양초가 녹아 액체가 되었다가 촛농이 식으면 다시 단단하게 굳는 과정을 관찰하세요.

2 못쓰는 냄비에 양초를 넣고 불에 녹입니다.

3 2의 양촛물을 종이컵에 담고 5분 정도 식힙니다. 찬물도 함께 준비해 주세요.

4 찬물에 손을 넣고 천천히 30까지 세면서 손을 차갑게 만들어 주세요.

5 차갑게 한 손가락을 5분 정도 식힌 양촛물에 담갔다 바로 찬물에 담급니다. 손가락을 '양촛물(종이컵) → 찬물 → 양촛물(종이컵) → 찬물'에 담그기를 3회 정도 반복해 주세요.

Tip 5분 정도 식힌 양촛물은 그렇게 뜨겁지 않아요. 하지만 엄마가 먼저 시범을 보이면 아이가 안심하고 실험할 수 있어요.

6 손가락에서 굳은 양초를 살살 잡아 빼면 끝! 손가락 모형이 완성되었어요.

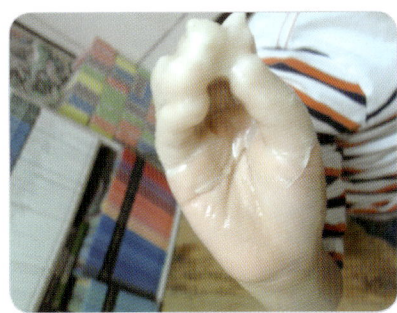

7 이번에는 전체를 담가 손 모형을 만들어 보세요.

8 '양촛물→찬물'을 여러 번 반복할수록 조금 더 튼튼한 모형이 만들어집니다.

Tip 포항에 가면 '상생의 손'이라는 조형물이 있어요. 사진을 보여 주며 우리가 만든 조형물에도 이름을 붙여 보게 하세요.

물질특성놀이
5세 이상

내 배가 제일 튼튼해 젖지 않는 종이배

아이들이 가장 좋아하는 종이접기 아이템은 비행기와 종이배일 거예요. 그런데 종이배는 금새 물에 젖어 얼마 가지고 놀지 못해 아쉬울 때가 많아요. 튼튼한 종이배를 만들 수 있는 뭔가 좋은 방법이 없을까요?

놀이 목표
- 물질의 특성 알기

교과 연계
- 우리 생활과 물질

준비물
- 색종이, 크레파스, 양초, 세숫대야

이 놀이는요~

종이배를 양초로 코팅하여 물 위에서도 젖지 않게 하는 과학놀이입니다. 종이로 만든 배는 쉽게 물에 젖어 조금 있으면 가라앉게 됩니다. 물과 서로 섞이지 않는 기름 성분이 들어 있는 양초 녹인 물을 종이배에 입혀 주면 종이배가 물에 젖지 않아 가라앉지 않게 됩니다.

1 색종이를 이용하여 종이배를 만듭니다.

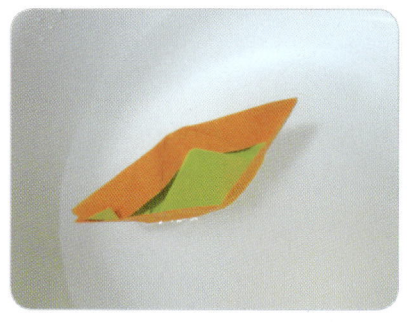

2 종이배를 물 위에 띄우고 조금 기다렸다가 종이배를 꺼내요.

3 배가 젖었음을 확인해 봐요..
"종이배가 왜 이렇게 되었을까?"
"종이가 물에 젖어서 흐물흐물해졌어요."

4 종이배를 젖지 않게 하는 방법을 생각해 봐요. 아이들과 충분히 대화를 나눈 후, 크레파스로 배 아랫부분을 꼼꼼하게 칠하도록 유도해요.
"종이배를 물에 젖지 않게 하려면 어떻게 해야 할까?"
"비닐에 넣어서 띄우거나 기름을 발라서 종이가 물에 안 닿게 하면 좋겠어요."

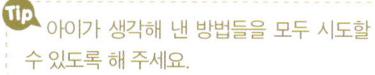
Tip 아이가 생각해 낸 방법들을 모두 시도할 수 있도록 해 주세요.

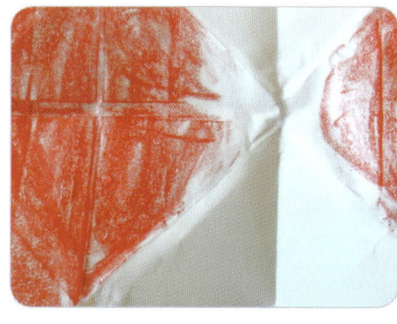

5 크레파스로 칠한 배를 물 위에 띄웠다가 꺼내 보세요. 물이 종이에 스며들지 않아 종이배를 물에서 건졌을 때 물방울이 맺히게 됩니다.

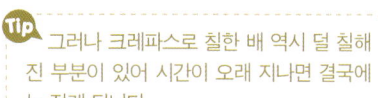
Tip 그러나 크레파스로 칠한 배 역시 덜 칠해진 부분이 있어 시간이 오래 지나면 결국에는 젖게 됩니다.

6 이번에는 양초 녹인 물로 코팅해 봐요. 양초를 녹인 물에 종이배를 넣고 건져서 식혀 주세요.

Tip 양초로 코팅된 배는 딱딱하고, 매끄러워요. 또한 물속에 들어가도 젖지 않는답니다.

7 양초로 코팅한 배를 물 위에 띄워 주세요. 거센 파도에도 끄덕없이 젖지 않는 종이배가 만들어집니다. 양초로 코팅한 배가 어떻게 변형되었는지 이야기를 나누어 보세요.

Part 5 명탐정 과학놀이

영차영차 힘내라! 줄 타고 오르는 거미

물체운동놀이 6세 이상

아이가 스마트폰 게임을 너무 좋아해서 걱정이라고요? 쓱싹쓱싹 엄마표 거미 한 마리면 스마트폰 중독 걱정 끝! 줄을 타고 올라가는 거미가 미끄러지지 않도록 도와주세요.

놀이 목표
- 힘의 방향
- 마찰력

교과 연계
- 물체의 운동

준비물
- 두꺼운 도화지, 굵은 실, 빨대, 가위, 셀로판테이프

이 놀이는요~

실과 빨대의 마찰을 이용하여 거꾸로 기어오르는 거미를 만들어 보는 놀이입니다. 쓱쓱 실을 잡아당기면 위로 기어올라가는 거미가 아이들의 호기심을 자극합니다.

Step 1: 거미 만들기

 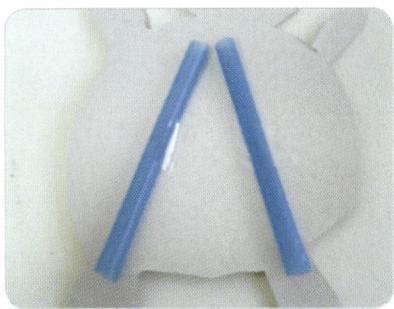 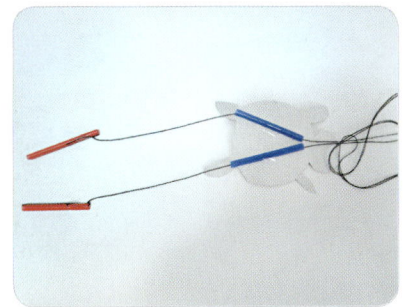

1 거미 그리기 A4용지 1/2 크기의 두꺼운 도화지에 거미를 그린 후 오립니다.
★ 거북이나 새처럼 아이가 좋아하는 다른 동물을 그려도 됩니다.

2 빨대 붙이기 1의 그림을 뒤로 뒤집은 후 3cm 길이로 자른 빨대 두 개를 붙입니다. 붙이는 방향은 ∧입니다.

3 실 연결하기 150cm 길이로 자른 실을 빨대 양쪽에 통과시킨 후, 실의 양끝에 5cm 길이의 빨대를 묶어 손잡이를 만드세요.

> Tip 실의 길이는 실을 거는 곳의 높이에 따라 조절하세요.

Step 2: 거미의 줄 타기

4 적당한 높이의 못이나 옷걸이에 실의 가운데를 걸어 줍니다.

5 자, 거미를 움직여 볼까요? 두 팔을 A자 모양이 되도록 살짝 벌리고 손잡이를 한쪽씩 번갈아 잡아당기면 거미가 줄을 타고 올라갑니다. 거미가 줄 끝까지 올라가면 성공!

6 실의 움직임을 관찰할 수 있도록 뒤집어서 해 봅니다. 양손을 번갈아 잡아당길 때 실의 모양과 거미의 움직임을 관찰하고 이야기를 나누어 보세요.

이렇게도 놀아요

양손을 번갈아 움직일 때 움직이지 않는 쪽의 실이 꺾이면서 거북이가 아래로 내려오는 것을 막아 줍니다. 빨대의 굵기를 다르게 하거나 빨대를 붙이는 방법(||, ∨)을 다르게 한 후 움직임을 비교해 보세요.

> Tip 빨대를 붙이는 모양에 따라 한번에 움직이는 거리가 달라집니다.

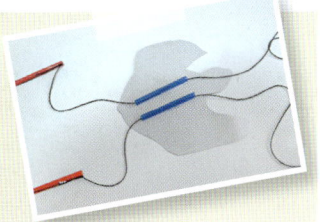

무게중심놀이
5세 이상

흔들거려도 넘어지지 않아요 병뚜껑 오뚝이

넘어져도 다시 일어나고 다시 넘어져도 또 일어나는 오뚝이. 밑면이 평평하지 않고 동그란데도 똑바로 서 있는 게 너무나 신기하죠? 오뚝이의 원리를 찾아 우리도 동그란 병뚜껑을 오뚝이로 변신시켜 봐요.

놀이 목표
- 무게중심

교과 연계
- 탐구, 어떻게 할까요?

준비물
- 플라스틱병 뚜껑(클수록 좋아요), 고무찰흙, 셀로판테이프, 종이, 사인펜

이 놀이는요~

쓰러졌다 일어나고 다시 쓰러졌다 일어나는 오뚝이의 원리를 아시나요? 비밀은 바로 무게중심입니다. 오뚝이는 위쪽보다 아래쪽이 무겁고 둥글지요. 이처럼 어떤 물체의 아래쪽에 무게중심이 있을수록 그 물체는 쓰러지지 않고, 넘어져도 언제나 제자리로 돌아오게 됩니다. 오뚝이를 만들며 '무게중심'에 대해 탐구해 보세요.

Step 1: 병뚜껑과 무게중심

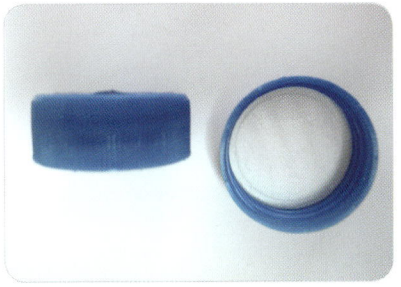

1 병뚜껑을 굴려 보세요. 병뚜껑이 구르는 이유는 무엇일까요?

Tip 병뚜껑은 모서리가 없으며 어느 한쪽으로 무게가 치우치지 않았기 때문에 둥근 면을 따라 잘 굴러갑니다.

2 병뚜껑 안쪽에 고무찰흙을 각각 전체, 1/2, 1/3을 채워 넣어 보세요. 각각의 경우 뚜껑이 어떻게 움직이는지 관찰하게 해 주세요.

Tip 전체적으로 균일하게 들어간 경우 넣지 않았을 때와 마찬가지로 잘 굴러가고, 지점토가 적은 쪽이 무게중심이 한곳으로 집중되므로 움직이는 폭이 더 작습니다.

오뚝이의 원리
오뚝이는 아랫면이 둥글어서 어느 쪽으로든 쓰러질 수 있으며, 아래쪽이 무겁습니다. 위쪽이 무겁다면 중력에 의해 쓰러져서 일어나지 않게 됩니다. 그러므로 무게중심이 아래쪽에 치우쳐 있는 오뚝이는 쓰러뜨려도 중심을 잡기 위해 좌우로 흔들리다가 결국 중심을 잡고 멈춰 서게 됩니다.

Step 2: 병뚜껑 오뚝이 만들기

3 병뚜껑 안쪽에 고무찰흙을 1/3 정도만 채워, 무게중심이 아래쪽에 있는 오뚝이 몸통을 만들어 줍니다. 뚜껑 앞쪽도 멋지게 꾸며 주세요.

Tip 고무찰흙의 양에 따라 오뚝이가 움직이는 범위가 달라지게 됩니다. 고무찰흙이 많을수록 움직이는 범위가 커집니다.

4 4×10cm 종이를 준비하여 반으로 접어 좋아하는 동물을 그린 후, 밑변이 0.5cm 정도인 삼각형 모양이 되도록 접고 셀로판테이프로 붙여 줍니다.

Tip 그림이 너무 커지면 무게중심이 위쪽으로 이동하므로 오뚝이가 될 수 없어요.

5 그림의 밑면에 양면테이프를 붙여서 준비된 뚜껑 위쪽의 중앙에 붙여 주세요.

6 오뚝이를 옆으로 기울였다 놓아 보세요.

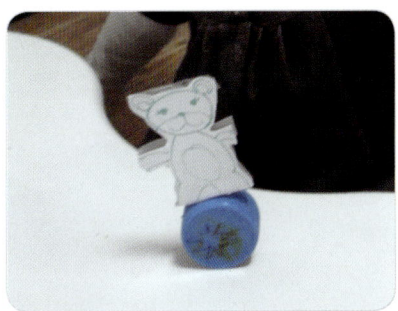

7 오른쪽으로 흔들, 왼쪽으로 흔들, 흔들리지만 쓰러지지 않고 곧 중앙으로 되돌아와요.

8 오뚝이의 움직임에 맞춰 우리 몸도 흔들어 봐요. 크게 흔들수록 재미있어요.

평형놀이 7세 이상

아이가 오르락 아빠가 내리락 달님시소

아빠가 반달 모양의 달님을 따다 주었네요. 가족 모두가 모여 시소 놀이를 해 보아요.
몸무게가 많이 나가는 아빠, 엄마는 어디에 타야 시소가 기울어지지 않을까요?

놀이 목표
- 지렛대의 원리

교과 연계
- 무게 재기

준비물
- 종이접시(대), 두꺼운 도화지, 색종이, 가위, 색연필, 빨대

이 놀이는요~

지렛대의 원리를 이용한 만들기 활동입니다. 이 놀이를 하기 전에 시소를 타 본 경험에 대해 이야기를 나누어 보면 좋습니다. 같은 위치에 앉아 시소를 타면 무거운 친구 쪽으로 기울었던 경험과 그럴 때 무거운 친구가 앞쪽으로 이동하면 균형이 맞았던 경험을 떠올려 봅니다.

Step 1: 달님시소 만들기

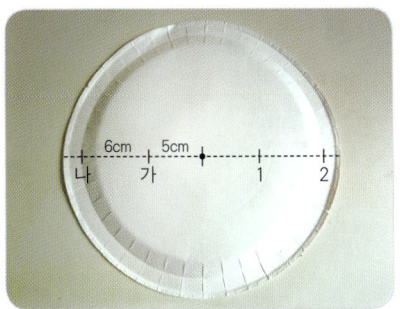

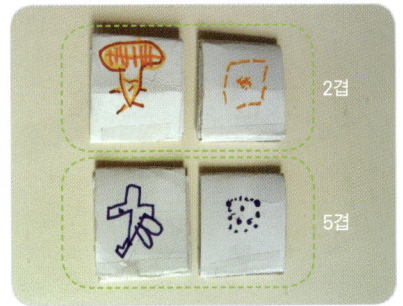

1 종이접시를 반으로 접어 반달 모양으로 만든 후 중심을 표시하고, 중심을 기준으로 일정한 간격마다 1cm 정도 깊이의 가위집을 넣고 숫자를 써 주세요.

> **Tip** 지름 25.5cm의 종이접시는 중심에서 5cm, 6cm 간격으로 가위집을 넣어요.

2 반으로 접은 상태에서 중심 부분에 구멍을 내어 빨대를 꽂고, 색종이로 꾸며 주세요.

★ 아이들은 자기 작품에 이름을 지어 주는 것도 좋아해요.

3 도화지를 3×4cm로 자른 후, 2겹을 겹친 카드 2개, 5겹을 겹친 카드 2개를 각각 준비합니다. 예쁘게 그림을 그려 넣어도 좋아요.

★ 두께에 따라 색을 달리 하면 구분하기 편리합니다.

Step 2: 평형 맞추기

4 카드를 시소의 양쪽에 하나씩 꽂아 봐요. 어떻게 하면 시소가 평형이 될 수 있을지 생각해 보고 실행해요.

> **Tip** 같은 무게의 물체일 경우 중심에서 같은 거리에 있으면 시소가 평형을 유지합니다.

5 시소가 기울어지게 하려면 카드를 어떻게 꽂으면 되는지 생각해 보고 직접 꽂아 봅니다.

> **Tip** 같은 카드(무게)라도 중심에서 멀어진 거리만큼 힘의 크기가 커집니다. 그래서 중심에서 멀리 꽂은 카드가 있는 쪽으로 시소는 기울어집니다.

6 한쪽에 5겹짜리 카드를 추가로 끼운 후, 균형을 맞추려면 반대편에 어떻게 끼워야 하는지 생각해 보세요. 반대편에도 중심에서 같은 위치에 5겹짜리 카드를 끼워 주면 되겠죠?

> **Tip** 5겹짜리 카드를 첫째 칸에 끼웠다면 반대편 두 번째 칸에 2겹짜리를 2개(총 4겹) 겹쳐 꽂아 보세요. 살짝 건드려도 흔들흔들 균형을 잘 잡으며 평형을 유지합니다.

화학작용놀이 6세 이상

물풀 하나면 뚝딱! 탱탱볼 만들기

끈적끈적 호물호물 물풀로 여기저기 통통 튀는 신나는 탱탱볼을 만들 수 있답니다.
액체인 물풀이 어떻게 딱딱한 고체인 탱탱볼로 변할 수 있을까요? 마법의 주문을 외워 볼까요?

놀이 목표
- 붕사 용액 만들기
- 화학 반응에 의한 물질의 상태 변화

교과 연계
- 용해와 용액

준비물
- 50ml 물풀(PVA라고 적힌 것), 붕사, 종이컵, 일회용 숟가락, 나무젓가락, 비닐장갑, 물감
  * PVA풀은 문구점, 붕사는 약국에서 구입할 수 있습니다.

이 놀이는요~

탱탱볼 만들기는 아이들이 무척 좋아하는 실험이기 때문에, 과학한마당이나 과학실험 강좌에서 빠지지 않고 등장하는 단골 활동입니다. PVA 가루를 이용하기도 하는데, 종류에 따라 가루가 물에 녹기 전에 서로 굳어 버리는 경우도 많아 물풀을 이용하는 편이 더 수월합니다. 과학적 원리를 진지하게 설명하려고 하지 마시고, 두 종류의 용액 속 성분이 화학 반응을 일으켜 탱탱한 덩어리를 만든다는 정도만 설명해 주시면 돼요.

1 종이컵에 따뜻한 물을 반쯤 채우고, 일회용 숟가락으로 붕사를 한 숟가락 정도 넣고 녹여서 붕사 용액을 만들어 주세요.

Tip 붕사의 양이 많을수록 더 빨리 굳게 되므로 너무 많이 넣으면 너무 빨리 굳어 모양이 안 나오고 너무 조금 넣으면 잘 굳지 않습니다.

2 원하는 색깔의 물감을 한 방울 떨어뜨린 후 섞어 주세요. ★ 물감이 너무 많이 들어가면 공 색깔이 탁해져요.

3 다른 종이컵에 물풀 50ml를 부어 주세요. 어떤 상태인지 말로 표현하게 해 주세요.

"물풀은 어떤 상태일까?"
"풀은 물처럼 흐르면서 끈적끈적해요."

Tip 물풀의 양이 공의 크기를 결정합니다. 물풀을 조금만 넣으면 작은 공이 만들어져요.

4 2의 붕사 녹인 물을 물풀이 들어 있는 컵에 넣어 잘 섞어 주세요. 붕사가 들어가면서 물풀이 점점 덩어리가 되기 시작합니다.

Tip 붕사 용액이 물풀 속의 PVA 분자들 사이에 끼어들어 분자들을 사슬처럼 결합시켜 하나의 덩어리로 만들어 줍니다.

5 어느 정도 뭉쳐지게 되면 뭉쳐진 덩어리를 건져 올립니다.

6 비닐장갑을 끼고 꾹꾹 눌러 주면서 동그랗게 만들며 공을 완성해 보세요.

Tip 처음에 조금 힘 있게 눌러서 많이 굴려 줄수록 조금 더 단단한 공을 얻을 수 있어요.

7 짜잔~ 탱탱볼이 완성되었어요. 충분히 굳을 때까지 모양을 계속 만져 줘야 합니다.

8 통통 팅기며 재미있게 놀아요.

밖에 나가 놀자! 분꽃을 관찰해요

자연관찰놀이 4세 이상

햇살 좋은 오후, 집에서 뭐하세요? 아이들과 함께 바깥에 나가 나무랑 꽃이랑 열매를 보며 하루를 보내 봐요. 늦여름에서 가을까지 우리 주변 곳곳에 흔하게 피어 있는 '분꽃'을 관찰하며 아이들의 관찰력을 키워 보세요.

놀이 목표
- 관찰

교과 연계
- 식물의 세계

준비물
- 식물도감

이 놀이는요~

아이는 자연 속에서 많은 것을 배웁니다. 가드너 박사의 '다중지능 이론'에 따르면 다양한 나무, 꽃, 곤충, 돌과 같은 동식물과 광물을 분류하고 인식할 수 있는 능력인 '자연친화지능'이 높은 아이들은 다른 아이들보다 정서적으로 안정되어 있으며, 호기심과 집중력이 높다고 합니다. 늘 지나치던 풀, 꽃, 나무 속에 우리 아이의 과학적 창의력이 숨어 있답니다.

아하! 그렇군요

분꽃은 어떤 꽃일까?
작은 나팔 모양의 분꽃은 늦여름부터 가을에 걸쳐 피며, 낮에는 꽃을 오므리고 있다가 저녁 나절이 되면 꽃잎을 펼치며 활짝 피어납니다. 분꽃은 꽃잎이 하나로 붙어 있는 '통꽃'이며, 가운데 암술 주변을 노란 꽃가루가 있는 5개의 수술이 둘러싸고 있답니다.

1 식물도감이나 인터넷에서 분꽃을 찾아 사진을 보여 주세요. 분꽃의 생김새를 말로 표현해 보면서, 모양을 잘 기억할 수 있도록 도와주세요.

2 공원이나 화단에서 분꽃을 채집해 꽃잎의 모양을 살펴보고, 꽃잎을 제거한 후 그 안에 있는 암술과 수술을 관찰해요.

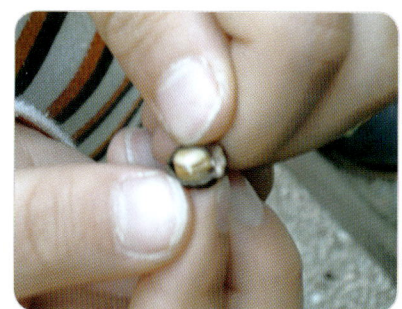

3 이번에는 분꽃의 잎과 줄기를 관찰해요. 분꽃의 줄기에는 잔털이 나 있으며, 매끈한 선을 자랑하는 잎을 가지고 있습니다.

4 씨앗을 관찰해요. 꽃이 지고 난 자리에 둥근 모양의 까만 씨앗이 맺혀요.

5 분꽃씨는 까만 껍질을 제거하면 그 안에 예전에 분가루로 쓰였다던 하얀 가루가 들어 있습니다.

Tip 분꽃씨 가루를 얼굴을 뽀얗게 만드는 분가루로 썼다 하여 꽃이름이 '분꽃'이래요.

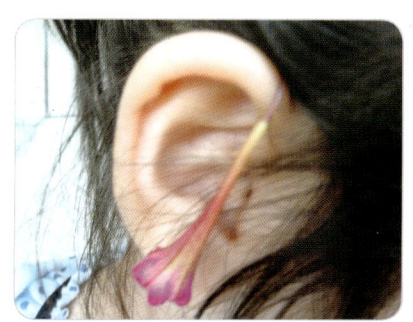

6 분꽃 귀고리를 만들어 볼까요? 꽃잎을 살짝 잡고 꽃술이 완전히 빠지지 않도록 꽃받침을 천천히 잡아당깁니다.

7 길게 나온 부분을 귀에 걸면 분꽃 귀고리 완성! 어때요? 자연미인이 되었죠?

신나게 날아가는 쌩쌩 종이컵 비행접시

회전놀이 6세 이상

우리 집에 UFO가 떴어요! 종이컵을 이용해 아이들이 좋아하는 비행접시를 만들어 봐요.
빨리 돌면 돌수록 점점 UFO로 변신하는 종이컵 요요~

놀이 목표
- 회전관성
- 원심력

교과 연계
- 탐구, 어떻게 할까요?

준비물
- 종이컵, 이쑤시개, 셀로판테이프, 동전, 굵은 실 또는 털실 1m

이 놀이는요~

돌아가던 물체가 계속 그 상태로 돌려는 성질인 '회전관성'과 원운동을 하는 물체에 바깥쪽으로 작용하는 힘인 '원심력'을 관찰할 수 있는 놀이입니다.

Step 1: 종이컵 비행접시 만들기

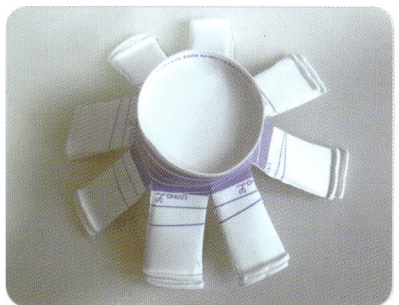

1 종이컵 2개를 포갠 후, 8등분해서 잘라 놓습니다.

2 종이컵을 분리한 후, 그 중 한 종이컵 중심에 실을 통과시킬 구멍을 뚫습니다.

어느 정도 두께가 있는 실(굵은 실이나 가는 줄)이 꼬이지 않아 좋습니다.

3 1m 정도 길이의 실을 반으로 접어 구멍에 통과시킨 후, 이쑤시개와 셀로판테이프를 이용해 고정합니다.

4 멋진 비행접시가 되도록 날개를 예쁘게 꾸며 주세요. 여러 가지 색깔을 사용하면 컵이 돌아갈 때 예쁜 띠 모양을 볼 수 있게 됩니다.

5 나머지 종이컵을 마주 대고 날개 부분을 셀로판테이프로 단단히 고정시키면 비행접시 완성!

6 두 개의 실을 함께 잡고 한 방향으로 꼬았다가 실을 양손에 하나씩 잡고 바깥쪽으로 잡아당깁니다. 실이 다 풀리면 다시 가운데로 모으고, 실이 다시 꼬이면 벌려 주는 동작을 반복하면 비행접시가 돌아갑니다.

Step 2: 더 강력한 종이컵 비행접시 만들기

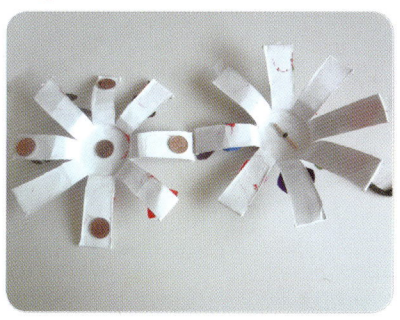

7 8등분한 종이컵 중 한 개의 안쪽 중심과 날개 부분에 동전을 붙입니다.

8 두 개의 종이컵을 셀로판테이프로 붙여 줍니다.

9 처음 만들었던 비행접시와 동전을 붙인 비행접시의 돌아가는 모습이 어떻게 다른지 관찰해 봅니다.

Tip 원심력은 물체가 빨리 돌수록, 또한 물체의 가장자리쪽이 무거울수록 커지므로, 종이컵 날개 끝에 동전을 붙이면 원심력이 커져 더 납작해지며 비행접시 모양으로 변신하게 됩니다.

빙글빙글 돌아라 골판지 팽이

회전놀이 5세 이상

심심한 오후! 집에서 할 수 있는 재미난 놀이가 없을까요?
길다란 골판지를 돌돌 감아 만든 팽이놀이 어떠세요?

놀이 목표
- 팽이 탐색
- 가장 잘 도는 팽이 만들기

교과 연계
- 탐구, 어떻게 할까요?

준비물
- 띠 골판지(13×500mm) 2장, 양면테이프 또는 미술용 본드, 이쑤시개 또는 꼬치막대

이 놀이는요~
팽이는 회전축을 중심으로 돌아가는 완구입니다. 골판지를 이용하여 팽이를 만들어 보면서 팽이가 잘 돌 수 있는 조건들을 찾아보는 활동입니다.

Step 1: 팽이 관찰하기

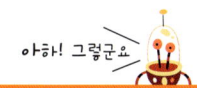

돌아야만 팽이가 서는 이유
돌아가지 않는 팽이는 아래쪽이 뾰족하고 위쪽이 무겁기 때문에 쓰러집니다. 그렇지만 팽이가 회전하면 가운데 회전축을 기준으로 회전관성이 생겨 쓰러지지 않고 계속해서 돌아가게 됩니다.

용어 회전관성: 회전하는 물체가 회전을 유지하려고 계속 돌게 되는 성질

1 아이와 함께 팽이를 보며 팽이 모양에 대해 이런저런 이야기를 나눠 보세요.

"팽이를 돌리지 않고 똑바로 세울 수 있을까?"
"안 돼요."
"그렇네. 팽이는 왜 가만히 있을 때는 자꾸 쓰러질까?"

Step 2: 골판지 팽이 만들기

2 이쑤시개 끝을 조금 남기고 양면테이프를 살짝 감아 주세요. 그러고 나서 띠 골판지를 붙여 주세요.

Tip 무게중심이 아래에 있을수록 안정적으로 돌아가게 되므로 이쑤시개(회전축) 끝에서 1cm를 넘지 않은 곳에서 골판지를 감는 것이 좋습니다.

3 골판지의 다른 쪽 끝을 살살 당겨 주면서 단단히 감은 후, 끝부분은 양면 테이프나 셀로판테이프를 이용해 붙입니다.

4 이쑤시개 끝을 손으로 잡을 수 있을 정도만 남겨 두고 자릅니다.

Tip 이쑤시개를 자르지 않은 채 팽이를 돌리면 회전 속도가 줄었을 때 크게 좌우로 흔들리게 됩니다.

5 자, 이제 팽이 돌리기 시합을 해 볼까요? 누가 만든 팽이가 더 오래 도는지 시합해요.

이렇게도 놀아요

다양한 모양으로 만들어 비교 관찰하면서 가장 안정적이면서 오래 돌아가는 팽이를 찾아보세요.

방법 1. 골판지 덧대기 위의 팽이에 골판지를 하나 더 감아 보세요. 감긴 횟수가 많을수록 (회전관성이 커지므로) 보다 안정적으로 돌아갑니다.

방법 2. 역원뿔 모양 만들기 팽이의 가운데 부분을 아래쪽으로 살짝 눌러 역원뿔 모양으로 만들어 돌려 보세요. 방법1의 팽이와 돌아가는 모습을 비교해 보세요.

* 방법1과 방법2 중 무게중심이 더 아래쪽에 있는 방법1의 팽이가 더 안정적이면서도 오래 돌아갑니다.

끼리끼리 모여라 뒤죽박죽 성의 비밀

분류놀이
4세 이상

단추들이 뒤죽박죽 섞여 있어 필요한 단추를 찾을 수가 없어요. 색이 비슷한 것끼리, 크기가 비슷한 것끼리 등등 비슷한 점을 가진 것들끼리 단추들을 모아 주세요.

놀이 목표
- 분류하기
- 순서대로 설명하기

교과 연계
- 탐구, 어떻게 할까요?

준비물
- 여러 가지 단추, 쟁반, 작은 그릇

이 놀이는요~

'분류하기'는 과학의 영역에서뿐만 아니라 우리 생활 곳곳에서 사용되는 기능입니다. '분류하기'는 어른의 눈에는 단순해 보이지만 아이들에게는 꽤 어렵습니다. 옆에서 자꾸 재촉하지 마시고 충분히 시간을 주고 분류할 수 있도록 인내심을 가져 주세요.

1 아이와 함께 마트에 가 보세요. 상품들이 어떻게 진열되어 있는지 살펴봐요. 종류별로 나누어 놓아서 좋은 점에 대해 이야기를 나누어 보세요.

"마트에는 물건이 아주 많아서 종류별로 모아 놨대. 그런데 어디에 어떤 물건이 있는지 알려면 무엇을 보아야 할까?"
"위에 있는 판에 숫자와 글자가 쓰여 있어요."

2 준비된 단추들을 관찰하게 하세요. 색, 모양, 재질, 구멍의 개수 등 다양하게 관찰할 수 있도록 도와주세요.

3 단추를 모양별로 나누어 보아요. '둥근 모양'과 '둥근 모양이 아닌 것'으로 나눌 수 있습니다.

4 단추를 재질로 나누어 봐요. 플라스틱, 나무, 쇠 등으로 분류할 수 있어요.

5 단추의 구멍 수로 나누어 봐요. 구멍이 4개인 것, 2개인 것, 1개인 것 등으로 나눌 수 있어요.

6 그 외에 아이가 원하는 기준대로 분류해 보도록 합니다. 그리고 어떤 기준으로 나누었는지 알 수 있게 각각의 그릇에 이름을 붙여 보세요. 분류해 놓으니까 어떤 점이 좋은지 이야기를 나누어 보세요.

이렇게도 놀아요

1. 아이의 옷이나 장난감, 액세서리를 직접 분류해 봐요.
   - 한군데에 섞여 있던 액세서리들을 머리핀, 끈, 기타 세 가지로 나누어 분류해 봐요.
2. 박물관이나 과학관을 방문해 보세요. 전시물들을 어떻게 분류해 놓았는지 살펴봐요.

옛날에는 누가 살았을까? 양초 화석 만들기

화석놀이 5세 이상

아주 먼 옛날 지구에는 공룡이 살았다고 하죠? 그런데 사람들은 어떻게 공룡이 살았다는 걸 알았을까요? 바로 공룡이 남긴 흔적인 공룡 화석을 통해서 알 수 있었대요. 화석이 만들어지는 과정을 실험해 봐요.

놀이 목표
- 화석이 만들어지는 원리

교과 연계
- 지층과 화석

준비물
- 지점토, 양초, 인형

이 놀이는요~

사람이 살지 않았던 아주 먼 옛날 지질시대의 환경이나 생물 등의 연구 자료로 쓰이는 화석을 만들어 보고, 화석이 만들어지는 과정을 경험해 보는 활동입니다. '화석'이란 아주 오래 전 지구에 살았던 동식물의 시체나 흔적을 말합니다. 아이들에게 화석이란 용어를 소개하고, 화석의 뜻을 알려 주세요. 놀이 전후에 국립생물자원관이나 자연사박물관 등을 관람하면 연계학습으로 좋아요.

1 그릇에 지점토를 평평하게 펴세요. 놀이하기 전에 아이들과 '화석'에 대해 이야기 나눠 보세요.

Tip 화석은 아주 먼 옛날에 살았던 동식물의 시체나 흔적을 말해요. 우리는 화석을 통해 과거의 지구 환경이나 어떤 동식물이 살았었는지에 대해 알 수 있어요.

2 화석으로 만들고자 하는 물건의 겉면에 식용유를 바른 후, 1의 지점토에 놓고 꾹 눌러 주세요. ★ 깊게 누를수록 화석이 더 잘 만들어집니다.

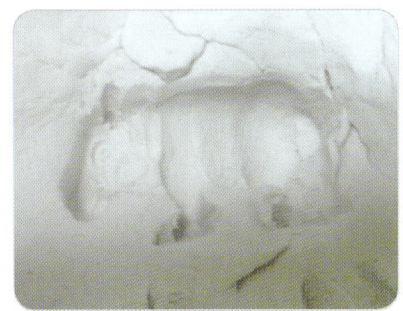

3 물건을 떼어 내면 자국이 남아요.

Tip 이 상태로 말라 굳어진 것을 '몰드'라고 합니다.

4 못쓰는 냄비나 국자에 양초를 녹여 주세요.

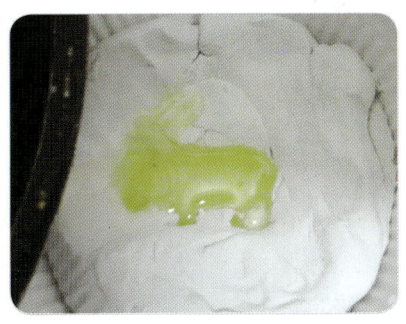

5 몰드에 녹인 촛물을 붓고 굳을 때까지 기다립니다.

6 양초가 굳으면 떼어 내고 모양이 찍힌 것을 관찰합니다.

Tip 이 상태로 굳어 나온 것을 '캐스트'라고 합니다.

모래사장 화석발굴놀이

바닷가로 놀러 갈 때 아이들 몰래 위에서 만든 양초화석과 붓을 챙겨 가 보세요. 그리고 바닷가에서 아이들이 정신없이 놀고 있을 때 엄마가 몰래 양초화석을 모래사장에 숨겨 놓으면 준비 끝! 아이들에게 화석이 숨어 있는 곳의 위치를 대충 알려 주고 손에 붓 한 자루씩 쥐어 주면 신나는 화석발굴이 시작된답니다.

Part 5 명탐정 과학놀이 161

PART 6

내 작품 어때요?
과학으로 만드는 미술·요리

'미술'과 '요리'는 아이들이 가장 좋아하는 대표적인 활동들이죠.
아이들이 좋아하는 미술과 요리에 과학을 접목하면
과학이 한층 즐겁고 재미있게 여겨지게 됩니다.
'나뭇잎 프로타주', '꽃잎 그림', '과일곤충'을 만들며
예술적 감수성과 과학적 창의력을 동시에 길러 보아요.
STEAM 교육 어렵지 않아요.

분리놀이 5세 이상

내 꼬리가 젤 예뻐 공작새의 꼬리 자랑

숲 속 나라에 한바탕 난리가 났어요. 부채 모양의 꼬리깃털이 아름답기로 소문난 공작이 어느 날 자고 일어났더니 꼬리가 사라져 버렸다네요. 사인펜을 이용하여 공작새의 꼬리를 만들어 주기로 해요.

놀이 목표
- 수성 사인펜의 색소 분리

교과 연계
- 혼합물의 분리

준비물
- 한지, 수성 사인펜, 도화지, 투명컵, 종이컵, 공작새 그림, 셀로판테이프, 나무젓가락
  * 한지가 없다면 신문의 인쇄가 되어 있지 않은 가장자리 부분, 갱지, 커피여과지 등이 좋아요.

이 놀이는요~

각 색소의 이동 거리에 따라 혼합물을 분리하는 방법인 크로마토그래피를 이용한 과학놀이입니다. 여러 가지 색소들을 섞어 하나의 색이 만들어지는 사인펜의 경우 종이가 물을 흡수하는 과정에서 각각의 색소들이 층층이 분리되는 모습을 관찰할 수 있습니다.

Step 1 : 사인펜 색 분리하기

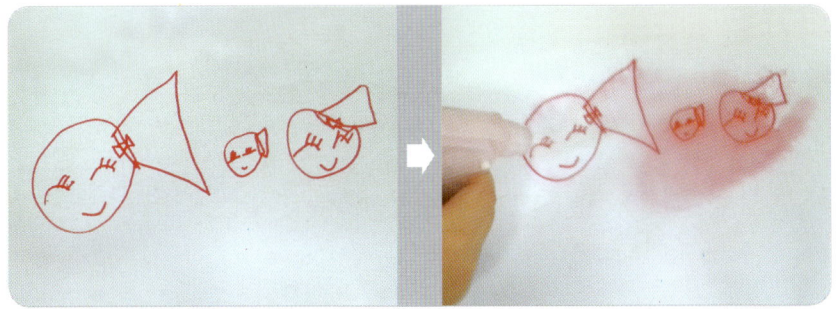 

1 수성 사인펜으로 점을 찍거나 그림을 그린 후, 분무기로 물을 뿌려 보세요. 그림이 어떻게 되었는지 확인해 보세요.

Tip 분무기로 물을 뿌리면 사인펜 색이 물에 베어 나오면서 그림이 번져 흐려져요.

2 1×6cm 크기의 한지 등의 종이에 검정색 사인펜으로 원을 진하게 칠하세요.

Tip 종이의 길이는 조절 가능하지만 원은 종이 끝에서 1cm 이상 떨어진 곳에 그립니다. 연필로 살짝 표시해 주어도 좋아요.

3 2의 종이를 나무젓가락 사이에 끼워 물이 담긴 컵에 담근 후, 사인펜의 색 변화를 관찰해 보세요. ★ 사인펜 칠한 곳이 물에 직접 닿지 않도록 주의합니다.

4 사인펜이 번지면서 원래의 색 말고 다른 색들이 나타납니다. 빨강, 파랑 등 여러 색의 사인펜도 같은 방법으로 분리해 보세요.

5 진한 색일수록 여러 색깔로 분리되는 경우가 많습니다.

Step 2 : 알록달록 공작새 만들기

6 종이컵을 뒤집어 바닥을 가장자리 부분만 남기고 칼집을 넣은 후, 반원 모양으로 자른 도화지를 끼우고 셀로판테이프로 고정시킵니다.

7 종이컵에 공작새의 몸통 그림을 붙여 줍니다. 사진이 없다면 직접 그려도 좋아요.

8 사인펜을 번지게 한 종이들을 붙여 예쁜 공작의 꼬리를 완성시켜 주세요. 누가 만든 공작이 가장 아름다운지 서로 자랑해 보아요.

물질특성놀이
5세 이상

다리미로 그림 옮기기 크레파스 손수건

도화지에 크레파스로 예쁘게 그린 그림이 자고 일어나 보니 손수건 속에 쏙 담겨 있네요.
마법사가 와서 옮겨 준 것인가 했더니 엄마가 다리미로 옮겨 준 것이라네요.

놀이 목표
- 물질의 상태 변화

교과 연계
- 열 전달과 우리 생활

준비물
- 도화지, 사포, 크레파스, 물감, 손수건, 다리미

이 놀이는요~

크레파스는 안료와 왁스, 경탄 등을 섞어 만들어집니다. 이 활동은 크레파스의 기름 성분이 열에 녹는 성질을 이용한 과학놀이입니다.

Step 1: **크레파스의 성질 관찰하기**

1. 크레파스와 물감으로 각각 그림을 그린 후, 스프레이로 물을 뿌립니다. 어떤 차이가 있는지 비교해 보세요.

   Tip 물감으로 그린 그림에 물을 뿌리면 물감이 번지지만, 크레파스로 그린 그림에 물을 뿌리면 물이 그림에 스며들지 않고 동글동글 뭉쳐 있습니다. 크레파스의 주성분은 안료와 왁스이므로 물에 번지지 않습니다.

2. 도화지를 반으로 접었다 펼친 후 한쪽 면에 크레파스로 그림을 그립니다.

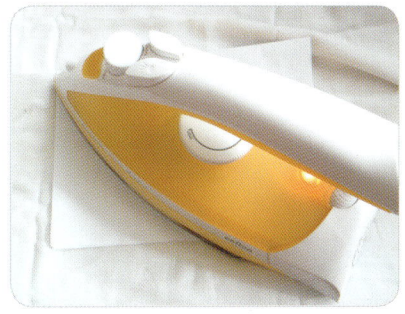

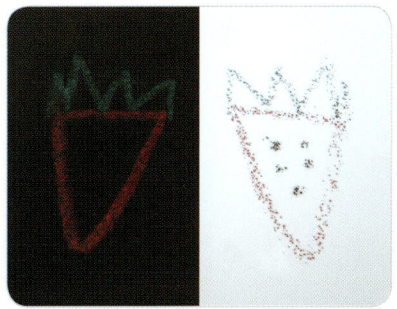

3. 그림이 안쪽으로 들어가게 도화지를 접은 후 다리미로 꼼꼼히 다려 줍니다. 그림이 어떻게 될지 예측해 봅니다.

4. 종이를 펼쳐 보세요. 원래 종이에 기름기가 번져 있고 반대편 종이에는 많이 묻어나지 않았음을 관찰할 수 있습니다.

   Tip 다리미의 열에 의해 크레파스의 기름 성분이 녹지만 원래의 종이에 흡수되기 때문에, 다른 종이에 많이 묻어나지는 않습니다.

5. 이번에는 사포에 크레파스로 그림을 그린 뒤, 종이를 대고 다리미로 다려 보세요. 사포는 기름을 빨아들이지 않아 그림이 잘 옮겨집니다. ★ 표면이 고운 사포가 거친 사포보다 그림이 더 잘 옮겨집니다.

Step 2: **나만의 손수건 만들기**

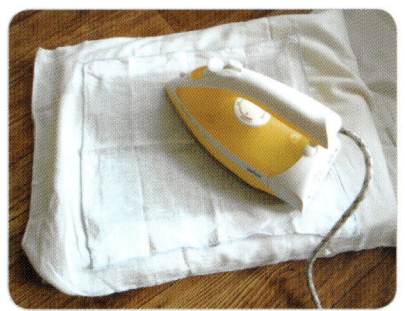

6. 사포에 크레파스로 그림을 그립니다. 다양한 색으로 그리되, 가급적 선으로 그립니다. 색칠을 하는 경우에는 색칠 부분이 넓지 않게 해 주세요.

7. 사포 위에 손수건을 덮고 다리미로 꼼꼼히 다려 주세요. ★ 손수건이 없다면 면으로 된 자투리천이나 헌 옷 등을 사용해도 괜찮아요.

8. 어때요? 그림이 잘 옮겨졌나요? 손수건에 옮겨진 그림을 액자에 넣어 작품처럼 전시해도 좋아요.

자연관찰놀이
6세 이상

아름다운 눈 모양
겨울왕국 종이눈꽃

하늘에서 펑펑 눈이 내리면 바로 과학놀이의 날! 검은 도화지 위에 눈을 받아 돋보기로 눈 결정 모양을 관찰해 보세요. 아직 눈 오려면 멀었다고요? 그렇다면 색종이로 만든 눈꽃 모빌로 우리만의 겨울을 만들어 봐요.

놀이 목표
- 작은 결정
- 자연 속의 대칭성

교과 연계
- 모습을 바꾸는 물

준비물
- 여러 가지 눈 결정 그림, 색종이, 가위

이 놀이는요~

눈의 결정 모양을 만들어 보는 과학탐구 놀이입니다. 눈 결정의 모양은 눈이 생성될 당시의 기온과 수증기의 양에 따라 다양하게 나타나지만, 육각형이라는 점과 대칭이라는 공통점을 갖습니다. 대칭의 뜻은 '반으로 접었을 때 양쪽이 똑같은 것' 정도로 알려 주시면 충분해요.

Step 1: 대칭 모양 만들기

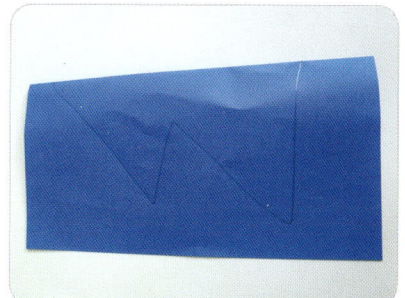

1 색종이를 반으로 접은 후, 접은 선을 중심으로 트리 모양을 반만 그립니다.

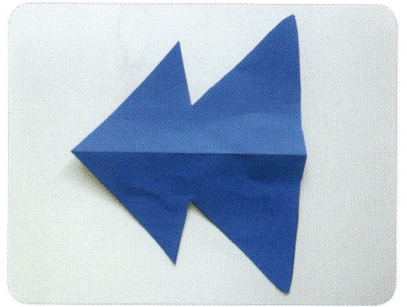

2 1의 그림을 가위로 오린 후 종이를 펼쳐서 양쪽이 똑같다는 것을 관찰합니다.
★ 이렇게 양쪽이 똑같은 것을 '대칭'이라고 한다는 것을 알려 주세요.

3 반원을 여러 개 그려 펼치면 애벌레가 되네요! 펼쳤을 때의 모양을 예상하며 다양한 그림을 그려 봅니다. 엄마가 먼저 한두 번 시범을 보여 주세요.

Step 2: 눈꽃 만들기

4 함박눈이 내리는 날은 눈 결정을 보기 가장 좋은 날이에요. 함박눈이 내리면 꼭 자동차 창문이나 담벼락에서 눈 결정 모양을 관찰해 보세요. 책이나 인터넷을 이용해 다양한 눈 결정 모양을 찾아보고, 결정들의 공통점을 찾아봅니다.

> **Tip** 눈 결정은 1) 뾰족한 부분이 6개인 육각형이며, 2) 반으로 접었을 때 왼쪽과 오른쪽의 모양이 같은 대칭형입니다.

5 색종이를 반으로 접은 후, 꽃 모양이 되도록 아래쪽 중앙을 중심으로 양끝을 비스듬히 접습니다.

6 역삼각형 모양이 되도록 위쪽으로 튀어나온 부분을 자르고 양쪽 모서리도 잘라 줍니다.

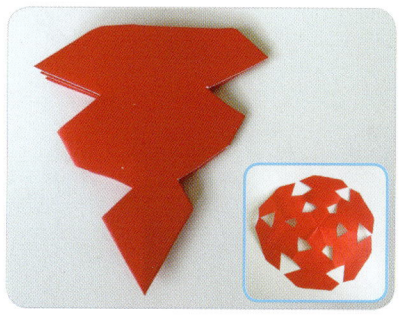

7 접힌 부분이 완전히 잘리지 않도록 조심하면서 가위로 중간중간 가위집을 넣은 후 펼치면 아름다운 눈꽃 완성!

> **Tip** 색종이 외에 유산지나 한지를 이용해도 좋습니다.

8 역삼각형 모양에서 한 번 더 접어 가위집을 내면 더욱 많은 무늬를 넣을 수 있습니다.

9 종이를 접어 다양하게 잘라 모양을 만들어 보세요. 여러 개의 눈꽃을 실로 연결하여 모빌을 만들거나 장식품으로 활용해 보세요.

증발놀이 4세 이상

보이면 안 돼요! # 소금으로 그린 비밀그림

옆집 꼬마탐정에게 범인의 단서가 담긴 비밀편지를 부쳐야 해요. 그런데 검정색 도화지에 색연필로 그림을 그리면 악당들이 우리 계획을 눈치챌 수 있어 위험해요. 아하, 소금물로 그려서 보내면 되겠군요!

놀이 목표
- 물질의 분리
- 증발

교과 연계
- 혼합물의 분리
- 용해와 용액

준비물
- 소금, 설탕, 검정 도화지, 면봉 또는 붓, 헤어드라이기

이 놀이는요~

다른 물질들과 섞여 있으면서도 자신만의 성질을 잃지 않고 있는 것을 '혼합물'이라고 하는데, 그 중에서도 물질이 액체에 녹아 들어가 투명하게 보이는 혼합물을 '용액'이라고 합니다. 혼합물을 분리하는 방법은 물질의 특성에 따라 달라요. 소금은 바닷물을 가둬 두고 물을 증발시켜 얻습니다. 놀이를 통해 염전에서 소금 얻는 방법을 경험해 보세요.

Step 1 : 소금물로 그림 그리기

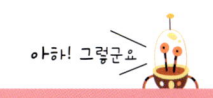

소금은 어디로 갔을까?
소금이 다 녹으면 아이에게 물에 들어간 소금은 어디로 갔을지 생각해 보게 하세요. 그리고 소금물의 맛을 보게 한 후, 소금이 물속에 녹아서 아주 작아져서 안 보인다는 사실을 이야기해 주세요. 또한 우리가 만든 소금물에서 소금을 다시 빼내는 방법에 대해 이야기를 나누어 보세요.

1 실험의 첫 단계는 소금 탐색입니다. 소금을 눈으로 보고, 만져 보고, 먹어 보며 충분히 탐색할 시간을 주세요.

2 종이컵 2/3 분량의 물에 소금 2~3숟가락을 녹여 소금물을 만듭니다. 소금을 어떻게 녹여야 빨리, 많이 녹일 수 있을지 생각해 봐요.

Tip 소금은 물을 빨리 저을수록, 알갱이가 고울 수록, 물의 온도가 높을수록 빨리 녹습니다.

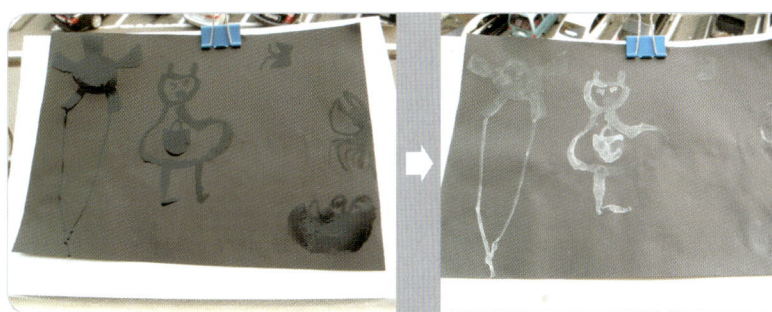

3 소금물을 면봉 또는 붓에 찍어 검정 도화지에 그림을 그려 보세요. 소금물의 농도가 진할수록 좋습니다.

4 소금물로 그린 그림을 햇빛이 잘 드는 곳에 놓거나 헤어드라이기를 이용해 물기를 잘 말려 주세요. 하얀 선으로 된 멋진 그림이 드러난답니다.

Tip 도화지에 나타난 하얀 가루는 물이 증발하고 남은 소금 결정입니다. 염전에서는 바닷물을 가둬 두고 햇빛에 물을 증발시켜 소금을 얻는답니다.

Step 2 : 설탕물로 그림 그리기

5 이번에는 설탕을 녹인 설탕물로 그림을 그려 볼까요? 첫 단계는 역시 설탕을 눈으로 보고, 만져 보고, 먹어 보는 설탕 탐색 과정부터 시작하세요.

6 설탕도 소금처럼 결정이 남을지 생각해 보고, 설탕을 많이 녹인 물로 그림을 그린 후 헤어드라이기로 물기를 말려 주세요.

7 물기가 마르면 설탕도 하얀 결정이 생기기는 하지만 소금과 결정의 모양과 성질이 달라 잘 보이지는 않습니다.

Part 6 과학으로 만드는 미술·요리 **171**

열변성놀이
6세 이상

내 맘대로 뚝딱! 요구르트병 열쇠고리

요구르트병을 모양 그대로 줄여서 작고 귀여운 꼬마 요구르트병을 만들어 볼까요? 이때 요구르트병을 꾹꾹 누르면 작아질까요? 아니죠~ 모양이 망가지면 안 되지요. 그렇다면 뜨거운 물만 있으면 OK!

놀이 목표
- 열에 의한 플라스틱의 변화 관찰하기

교과 연계
- 열 전달과 우리 생활

준비물
- 여러 가지 요구르트병, 유성펜, 송곳, 끈, 집게, 냄비

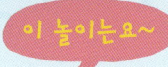

플라스틱은 다 같지 않느냐고요? 플라스틱에는 PET, PP, PS, PVC 등 종류가 다양하답니다. 이 중 일부는 끓는 물이나 뜨거운 오븐에 넣으면 모양이 변해요. 이처럼 열에 의해 변형이 일어나는 성질을 '열 가소성'이라고 하는데, 플라스틱의 종류에 따라 다르게 나타납니다. 온도에 따른 플라스틱의 변화를 관찰하며, 여러 종류의 플라스틱을 살펴봅니다.

1 시식 타임! 여러 가지 요구르트를 준비해 먹고 싶은 것을 골라 마십니다. 단, 남기면 안 돼요! 끝까지 쭉~

2 요구르트병의 겉포장지는 떼어내고 병에 유성펜으로 예쁘게 그림을 그려 넣어요. 다양한 색깔을 사용하면 좋겠죠?

3 멋진 그림들이 완성되었네요. 다음 단계에서 이 병들을 끓는 물에 넣을 거예요. 끓는 물에 넣으면 요구르트병이 어떻게 될지 아이에게 예상해 보게 하세요.

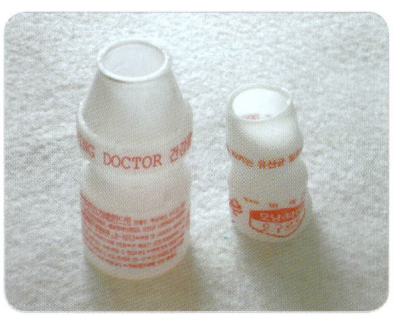

4 요구르트병 외에 여러 가지 일회용 플라스틱 용기도 깨끗이 씻어 준비합니다. 플라스틱 용기들을 만져 보면서 어떤 모양인지, 또 느낌은 어떤지 표현해 보면 좋겠지요.

Tip 플라스틱 제품의 밑면을 보면 PET, PP, PS, PVC 등이 재질이 쓰여 있어요.

5 준비된 플라스틱 용기들을 끓는 물에 풍덩~ 넣고 끓입니다. 집게나 젓가락 등으로 굴리면서 골고루 끓이세요. ★ 플라스틱의 열 변형을 관찰하는 단계이므로, 아이들이 그림을 그린 병은 일단 제외하고 끓여 주세요.

6 플라스틱 용기들을 꺼내서 변화를 관찰해 보세요. 용기의 크기와 모양, 글씨의 색 등을 관찰할 수 있게 도와주세요.

Tip 요구르트통, 두부용기, 페트병 등 다양한 재질의 플라스틱을 넣어서 삶아 보세요. 이 중 모양이 줄어드는 것은 PS(polystyrene 폴리스티렌의 약자)라고 쓰여 있는 플라스틱 종류입니다.

7 이번에는 아이들이 그림을 그린 병들을 끓는 물에 넣어 봐요. 요구르트병이 줄어들면서 그림도 줄어들고 색은 조금 더 진해진 것을 관찰할 수 있어요.

8 구멍을 뚫어 끈을 연결하면 예쁜 열쇠고리 완성! ★ 구멍은 끓는 물에 넣기 전에 미리 뚫어 두면 편리합니다.

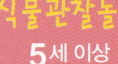
식물관찰놀이
5세 이상

웬 아이가 보았네~ 꽃잎으로 그린 그림

꽃들은 곤충을 유혹해서 열매를 맺어야 하기 때문에 알록달록 예쁜 색을 띠고 있답니다.
여러 가지 꽃들이 가지고 있는 색을 관찰해 보고, 이 색을 이용해서 멋진 손수건을 만들어 볼까요?

놀이 목표
- 꽃 모양 관찰하기
- 꽃 색깔 관찰하기

교과 연계
- 식물의 세계

준비물
- 여러 가지 꽃

이 놀이는요~

주변 사물에 관심을 가지고 그 특성을 파악하는 '관찰 활동'은 꼬마 과학자의 가장 중요한 조건입니다. 아이의 관찰력을 높이기 위해서는 평소 엄마가 질문을 통해 아이의 호기심을 자극해 주면 좋아요.

Step 1: 꽃 관찰하기

1 꽃 채집하기 알록달록한 꽃잎을 모아 보세요. 색깔이 예쁜 꽃도 좋고 모양이 예쁜 꽃도 좋답니다.

2 꽃 관찰하기 꽃잎을 떼어 내면서 꽃잎의 모양을 관찰해 보세요. 또 꽃받침의 개수도 세어 보고, 안쪽의 꽃술도 관찰해 보세요.

3 여러 가지 색깔의 꽃잎 및 풀잎을 연필 끝으로 콕콕 찍어 보고 원래의 색과 즙 색을 비교해 봅니다.

"빨간색 꽃잎을 누르니까 무슨 색이 나오니?"
"보라색이요!"

Step 2: 꽃 그림 그리기

4 스케치북에 색연필 등으로 좋아하는 그림을 그리게 합니다.

5 그림 위에 꽃잎을 대고 톡톡 두드리면 꽃즙이 묻어납니다. ★ 바닥에 꽃물이 들지 않도록 비닐을 끼는 것이 좋습니다.

Step 3: 꽃 손수건 만들기

6 꽃잎, 풀잎 위에 면 손수건을 깔고 숟가락으로 두드리거나 동전으로 밀면 예쁜 꽃 손수건이 됩니다.

자연관찰놀이
5세 이상

문지르면 작품이 돼요 나뭇잎 프로타주

단풍나무, 은행나무, 대나무, 느티나무 등 잎 모양이 다 다르지요? 그런데 자세히 보면 잎의 모양뿐만 아니라 무늬 또한 서로 다르답니다. 나뭇잎 프로타주를 해 보며 나뭇잎의 무늬를 관찰해 봐요.

놀이 목표
- 잎맥 관찰

교과 연계
- 식물의 세계

준비물
- 여러 가지 나뭇잎, 색연필, 도화지, 색종이, 얇은 종이

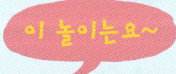

이 놀이는요~

여러 가지 나뭇잎을 이용하여 도장을 찍어 봄으로써 나뭇잎의 잎맥을 관찰해 보는 활동입니다. 프로타주 활동은 아이의 관찰력을 높여 주고 창의력 향상에 도움을 주는 '과학+미술활동'이자, 아이들이 정말 좋아하는 놀이랍니다.

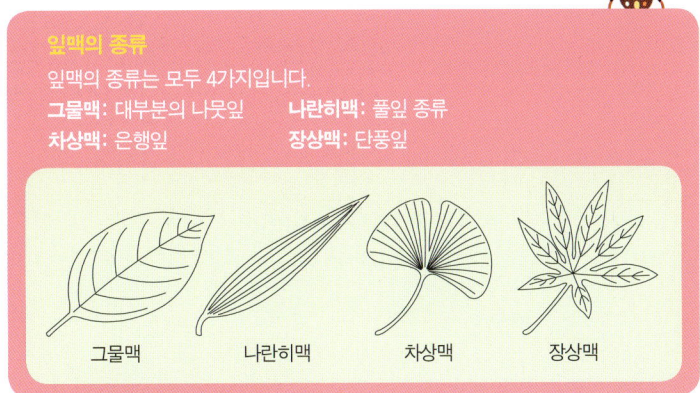

잎맥의 종류
잎맥의 종류는 모두 4가지입니다.
그물맥: 대부분의 나뭇잎 **나란히맥:** 풀잎 종류
차상맥: 은행잎 **장상맥:** 단풍잎

그물맥 / 나란히맥 / 차상맥 / 장상맥

1 야외로 나가 다양한 모양의 나뭇잎을 채집해요. 오른쪽 나뭇잎 그림을 미리 보여 주고, 의도적으로 서로 다른 종류의 잎맥을 가진 나뭇잎(예: 은행잎, 단풍잎, 풀잎)을 채집하도록 유도해 주세요.

> **Tip** 나뭇잎이 가지고 있는 무늬를 '잎맥'이라고 합니다.

2 나뭇잎을 잎맥이 비슷한 것끼리 분류해요.

3 나뭇잎을 종이 밑에 깔고 색연필로 칠하면 잎맥과 모양이 그대로 종이에 나타납니다.

> **Tip** 올록볼록한 것 위에 종이를 대고, 연필 등으로 문질러 무늬가 나오게 하는 기법을 '프로타주'라고 합니다.

4 잎맥별로, 색깔별로 다양한 나뭇잎 프로타주를 만들어 주세요.

> **Tip** 프로타주 활동은 나뭇잎 외에 동전, 골판지, 시멘트 바닥 등을 이용하셔도 재미있어요.

5 다양하게 색칠한 나뭇잎들을 모두 오려 주세요.

6 도화지와 색종이 등으로 나무 모양을 만든 다음, 앞서 오린 나뭇잎들을 자유롭게 붙여 주세요.

7 짜잔~ 멋진 나무가 완성되었어요.

물질특성놀이
7세 이상

추억은 방울방울~ # 촛농으로 그린 그림

밤이 깜깜해져서 촛불을 켰어요. 그런데 초에게 슬픈 일이 있었는지 자꾸만 눈물을 흘리네요.
초가 힘을 낼 수 있도록 촛농으로 예쁜 그림을 만들어 초에게 선물해 볼까요?

놀이 목표
- 온도에 따른 상태 변화

교과 연계
- 열 전달과 우리 생활

준비물
- 초, 색양초(케이크 초), 접시, 도화지, 색연필, 양면테이프

이 놀이는요~

양초에 불을 켜면 양초가 녹아서 촛농을 떨어뜨립니다. 이 촛농은 떨어지면서 점점 식어 초의 옆쪽에 굳게 되지요. 이 촛농을 찬물에 떨어뜨리면 어떻게 될까요? 순간적으로 굳으면서 동글동글한 모양을 유지하게 됩니다. 다양한 색깔의 촛농을 예쁘게 떨어뜨려 그림을 그려 보는 과학과 미술의 융합놀이입니다.

Step 1: 촛농 비교하기

 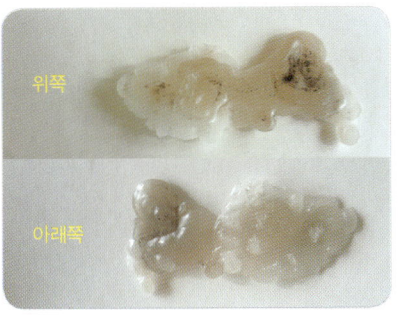 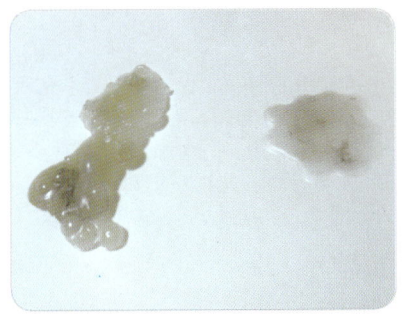

1 물이 담긴 그릇에 촛농을 두세 방울 떨어뜨린 후, 촛농을 건져서 촛농의 위아래 모양을 비교해 봅니다. 덩어리가 되도록 한곳에 계속 떨어뜨리세요.

2 물과 맞닿은 부분은 순식간에 식으면서 모양과 형태를 유지하지만 물의 표면장력에 의해 평평한 모양을 하고 있습니다. 그러나 촛농의 위쪽 부분은 떨어지는 촛농이 그대로 쌓이면서 천천히 굳으므로 울퉁불퉁한 모양을 하게 되지요.

3 촛농을 책상이나 종이 위에 떨어뜨린 후, 물에 떨어진 촛농과 모양, 굳는 속도 등을 비교해 봅니다.

> **Tip** 촛농이 굳는 속도에 따라 촛농의 형태가 달라집니다.

Step 2: 촛농 그림 그리기

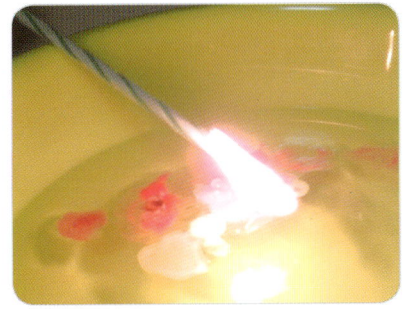 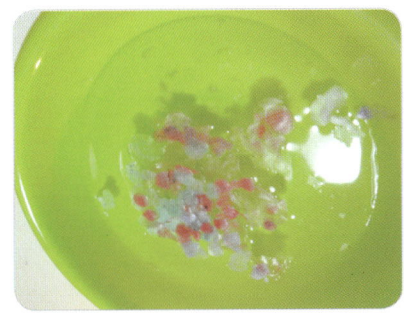 

4 원하는 색깔의 양초를 골라서 촛농을 물 위에 떨어뜨려서 모양을 만들어 봐요.
★ 색양초는 케이크에 꽂았던 양초를 모았다가 재활용하면 좋습니다.

5 다양한 색깔의 초를 이용해 아름답게 꾸며 주세요. 양초를 너무 아래쪽으로 기울이면 불이 갑자기 커져요. 수평을 유지하도록 도와주세요. ★ 불이 커질 경우, 심지를 가위로 잘라 주세요.

6 촛농을 건져 물기를 제거한 뒤, 양면테이프를 이용하여 종이에 붙여 주세요.

7 촛농 모양을 모티브로 하여 주변에 그림을 그려 작품을 완성해 주세요.

8 공주님의 멋진 드레스로도 변신할 수 있답니다. 포도나무, 빗방울, 비누거품 등 아이가 다양한 연상을 시도할 수 있도록 격려해 주세요.

화학작용놀이
5세 이상

엄마의 추억 아이의 과학 달고나 만들기

사다 놓은 과자는 똑 떨어지고 슈퍼마켓 가기는 귀찮고~ 이런 날은 추억의 군것질 '달고나'를 만들며 과학놀이를 해 보세요. 설탕과 소다의 만남은 바삭 달콤한 과학을 만들어 낸답니다.

놀이 목표
- 소다의 열분해
- 설탕의 열에 따른 상태 변화

교과 연계
- 여러 가지 기체
- 상태 변화

준비물
- 설탕, 베이킹소다, 국자, 누름판, 모양틀

베이킹소다에 열을 가하면 이산화탄소가 발생하게 됩니다. 엄마들이 어렸을 때 자주 먹던 '달고나'가 부풀어 오르는 데는 이런 과학의 원리가 숨어 있었던 거죠. 이런 원리를 알고 '달고나'를 먹으면 호기심이 쑥쑥 자라겠죠?

1 설탕 탐색하기 설탕을 눈으로 관찰하고 먹어 보며 설탕의 모양과 맛에 대해 이야기 나누어 봅니다.

"설탕 모양이 어떤 것 같아?"
"하얗고 동글동글한 알갱이예요."

2 실험에 앞서 설탕을 뜨겁게 해서 녹이면 어떻게 될지 예상해 봅니다. 이제 국자에 설탕을 1숟가락 담아 가열하여 녹여 볼까요?

3 설탕을 젓가락으로 잘 저어가며 녹입니다. 이때 설탕이 녹으면서 갈색으로 변해가는 과정을 함께 관찰합니다.

> **Tip** 설탕을 뜨겁게 가열하면 설탕의 성분들이 열에 의해 변화되면서 캬라멜화 반응이 일어나 흰색이었던 설탕이 갈색 물질로 변하게 됩니다.

4 접시나 쟁반 바닥에 호일을 깔고 설탕을 뿌린 후, 3의 녹인 설탕을 부어 식힙니다. 굳은 설탕의 표면을 만져 봅니다. 표면이 매끈하고 단단하답니다.

5 이번에는 같은 양의 설탕을 녹인 후 소다를 넣고 저어 봅니다. 소다를 넣으면 설탕이 연갈색으로 변하면서 부풀어 오릅니다.

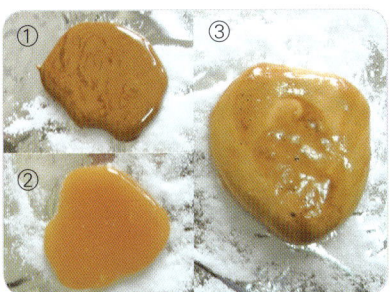

6 '설탕만 녹인 것', '소다를 조금 넣은 것', '소다를 많이 넣은 것'의 색과 크기, 맛 등을 비교해 봅니다. ★ 같은 양의 설탕이라도 색, 맛, 크기가 모두 다르다는 것을 관찰해 보세요.

실험결과 한눈에 보기
① 설탕만 녹였을 때:
 달콤하고, 딱딱하며, 매끈하다
② 소다를 적당히 넣었을 때:
 달콤하고, 적당히 부풀며, 바삭하다
③ 소다를 많이 넣었을 때:
 쓴맛이 나고, 많이 부풀며, 퍼석하다

7 각각을 잘라서 단면을 관찰해 보세요. 설탕만 녹인 것은 구멍이 없지만, 소다를 넣은 건 구멍이 보입니다.

> **Tip** 소다에 열을 가하면 소다가 분해되면서 이산화탄소가 발생해 구멍이 생깁니다.

8 누름판으로 살짝 누른 후 과자틀로 찍으면 달고나 완성! 자, 이제 모양대로 잘라 볼까요? 이쑤시개를 이용하면 더 잘된답니다.

내 치즈가 젤 맛있어

초간단 치즈 만들기

응고놀이
5세 이상

아이들 체험학습 필수코스 치즈스쿨! 하지만 거리도 멀고 가격도 만만치 않죠? 뭐 치즈스쿨이 별건가요? 오늘은 집에서 엄마표 치즈스쿨을 열어 봐요. 과정도 간단하고 아이들 반응은 대박이랍니다!

놀이 목표
- 상태 변화
- 단백질의 분리(산 응고법)

교과 연계
- 혼합물의 분리

준비물
- 우유, 레몬즙 또는 식초, 소금, 면보, 그릇

이 놀이는요~

우유에 들어 있는 단백질(카제인)이 레몬즙이나 식초에 들어 있는 산(酸)을 만나면 응고되는 성질을 이용한 '요리놀이'의 탈을 쓴 '과학놀이'입니다. 신나게 요리하며 배운 과학은 절대 까먹지 않아요.

1 냄비에 우유 200ml를 붓고, 레몬즙 1큰술을 넣은 후 천천히 저어 주세요. 너무 세게 저으면 덩어리가 흩어집니다.

Tip 레몬즙 대신 식초를 써도 되긴 하지만, 식초 특유의 맛과 향 때문에 식초 넣은 치즈는 맛이 덜해요.

2 우유와 레몬즙 혼합액을 중불로 가열하며 넘치지 않도록 천천히 저어 줍니다. 우유가 끓지 않도록 주의하세요. 우유가 끓어 넘치면 맛이 덜해요. ★ 이때, 기호에 따라 소금을 조금 넣어 주셔도 좋아요. 소금은 1/3숟가락 정도 넣어 주세요.

3 우유가 따끈하게 데워지면 불을 아주 약하게 줄입니다. 알갱이가 몽글몽글 생긴 후 5분 정도 지나서 불을 꺼 주세요.

4 3의 우유를 면보에 넣고 꼭 짜거나 무거운 물건을 올려 놓아 물기를 제거합니다. 이때 덩어리가 분리되고 남은 노란빛 투명한 액체를 '유청'이라고 합니다.

Tip 유청은 치즈를 만들고 남은 우유 부산물로 유당, 락토알부민, 무기질 등이 포함되어 있습니다.

5 유청을 제거하고 하얀 덩어리만 남으면 치즈 완성! 치즈를 손으로 만져 보고 냄새도 맡아 봅니다.

6 자, 이제 먹어도 볼까요? 그릇에 치즈를 담아 냠냠 맛있게 먹어요. 먹는 동안 우유가 산을 만나 단백질이 분리되었음을 슬쩍 이야기해 주세요.

7 모양틀에 넣어 귀여운 모양을 만들어 먹어도 좋겠죠?

8 냉장실에 두고 하루이틀 숙성시킨 후 드시면 더욱 맛이 좋답니다.

발효놀이
6세 이상

몸에 좋아요! 아이표 요구르트 만들기

우리가 먹는 요구르트에는 유산균이라는 미생물이 들어 있대요. 이 유산균을 우유 속에 넣고 밥솥에 넣어 두면 우유가 요구르트로 변신한다는 말씀! 맛있고 몸에도 좋은 요구르트를 집에서 만들어 보아요.

놀이 목표
- 유산균 발효에 의한 우유의 상태 변화

교과 연계
- 탐구, 어떻게 할까요?

준비물
- 우유 500ml, 마시는 요구르트, 플라스틱 숟가락, 뚜껑 있는 유리그릇(컵)

이 놀이는요~

미생물이 자신이 가지고 있는 효소를 이용해 유기물을 분해시키는 과정을 '발효'라고 합니다. 우리가 즐겨 먹는 김치, 요구르트 등은 모두 발효를 이용해 만든 것으로, 몸에 좋은 식품들로 유명합니다. 아이들과 함께 요구르트를 만들어 보고, 몸에 좋은 발효식품에 대해서도 알려 주세요.

1 마트 전단지에서 우유를 이용해서 만들어진 제품들을 찾아 모아 보세요. 우유, 버터, 치즈, 요구르트, 요플레, 분유 등입니다.

> **Tip** 우유를 이용해 만들어진 것을 '유제품'이라고 합니다.

2 우유 500ml와 유산균 요구르트 1병을 유리그릇에 넣고 플라스틱 숟가락으로 잘 저어 주세요. ★ 유산균은 쇠에 닿으면 죽는답니다. 유리나 플라스틱 도구를 사용해 주세요.

3 2를 그릇째 뚜껑을 잘 덮은 후 전기밥솥에 넣습니다. 그리고 1시간 동안 보온하였다가, 코드를 뺀 채 8시간 동안 밥솥 안에 그대로 둡니다.

> **Tip** 코드를 뺀 상태여도 밥솥 안이 따뜻하기 때문에 그대로 둡니다.

  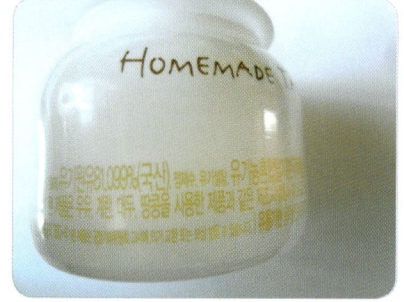

4 8시간 후 꺼내어 우유의 상태 변화를 관찰해 보세요. 물처럼 흐르던 우유가 뭉글뭉글 덩어리지게 변화되었음을 알 수 있습니다.

> **Tip** 우유 속의 단백질은 유산균이 만들어 내는 산성물질을 만나 응고되어 연두부 같은 요구르트의 형태로 변화됩니다.

5 냄새를 맡아 보고 맛을 보게 합니다. 시중에 파는 것과 맛이 어떻게 다른지 이야기를 나누어 보세요.
"사온 것과 비교하면 맛이 어때?"
"단맛도 없고 향도 별로 없어요."

6 가게에서 사먹는 것과는 맛이 다른 이유를 찾아보게 하세요. 사먹는 요구르트에는 맛을 내기 위해 많은 합성재료들이 들어 있음을 확인시켜 주세요.

7 꿀이나 잼을 넣고 기호에 따라 과일 등을 추가해 주시면 더욱 맛 좋은 요구르트가 완성됩니다. 냉장고에 넣어 차갑게 해서 드시면 더욱 맛이 좋습니다.

곤충관찰놀이
4세 이상

곤충의 특징이 머리에 쏙~ 냠냠 맛있는 과일곤충

으악! 곤충은 징그럽다고요? 잠자리도 냠냠~, 벌도 냠냠~ 맛있는 곤충을 만들어 보아요.
맛있게 먹으며 곤충의 특징도 배울 수 있어 아이들도 엄마들도 참 좋아하는 놀이예요.

놀이 목표
- 곤충 탐색하기
- 곤충의 특징 알기

교과 연계
- 동물의 세계

준비물
- 곤충 사진, 여러 가지 과일과 채소 (방울토마토, 바나나, 사과, 키위 등), 이쑤시개, 플라스틱 빵칼, 접시

이 놀이는요~

나비는 곤충일까요? 거미는요? 엄마들도 헷갈리시죠? 이 놀이는 곤충의 특징을 구체적 조작을 통해 익혀 보는 활동입니다. 과일로 직접 곤충을 만들어 보면서 곤충의 특징을 머릿속에 쏙 넣어 주세요. 오감을 통해 배운 지식은 한층 생생하고 오래 지속된답니다.

Step 1: 곤충 관찰하기

1 곤충 사진이나 관련된 책을 보면서 곤충의 일반적인 특징에 대해 이야기를 나눠 보세요.

"나비를 살펴보자. 나비의 다리, 더듬이, 날개의 개수를 세어 보자."
"다리는 6개, 더듬이는 2개, 날개는 4개예요."

2 좋아하는 곤충을 골라 보고, 더 자세히 관찰해 봅니다. 곤충의 모양, 색, 무늬, 다리의 생김새, 날개의 특징 등에 대해 이야기 나눈 후 그림으로 표현해 봐요.

곤충의 특징
곤충은 몸통 부분이 '머리, 가슴, 배'의 세 부분으로 나뉘고, 다리가 3쌍, 날개가 2쌍, 더듬이가 1쌍인 것이 특징이랍니다.

Step 2: 과일 곤충 만들기

3 여러 가지 과일들을 큰 접시에 담아 놓고, 아이 앞에 작은 접시와 플라스틱 칼을 준비해 줍니다.

4 자, 이제 과일 곤충을 만들어 볼까요? 과일을 적당한 모양과 크기로 잘라 이쑤시개로 연결하며 곤충을 만들어 봅니다. 위에서 그렸던 곤충 그림을 보고 만들게 해 주세요.

5 완성! 위에서 그린 그림과 완성품을 비교해 본 후 맛있게 먹어 주세요.

"와, 잘 만들었다! 같은 나비도 재료에 따라 다르네!"
"이 나비는 몸통이 바나나고, 저 나비는 방울토마토예요."

Tip 남은 과일로 과일 꼬치를 만들어도 좋아요. 이때 규칙을 만들어 꽂으면 패턴 수학놀이가 된답니다.

다리의 수가 다른 동물은 무엇입니까?
① 벌　　② 거미　　③ 개미
④ 메뚜기　　⑤ 잠자리

→ 정답: ②
'곤충'과 '곤충이 아닌 것'을 다리의 수로 구별하는 문제입니다. 벌, 개미, 메뚜기, 잠자리는 곤충류에 속하며 6개의 다리를 가지고 있으나, 거미는 거미류에 속하며 8개의 다리를 가지고 있습니다.

온도놀이 4세 이상

지퍼백을 흔들흔들~ 초간단 요구르트 슬러시

무더운 여름날 시원한 슬러시 한 잔 만들어 가족들에게 대접해 보기로 해요.
냉장고에 넣지 않고도 사각사각 살얼음의 식감이 느껴지는 맛있는 슬러시를 만들 수 있답니다.

놀이 목표
- 어는점 내림

교과 연계
- 모습을 바꾸는 물

준비물
- 지퍼백(소형, 대형), 얼음, 소금, 요구르트 또는 우유

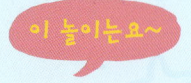 **이 놀이는요~**

냉장고가 없어도 얼음에 소금을 넣는 것만으로 어느 곳에서나 아이들이 좋아하는 슬러시를 만드는 과학요리 활동입니다. 얼음에 소금을 뿌리면 얼음이 어는 온도가 낮아져 얼음이 녹아 내리는데, 이때의 물은 얼음보다 차가워서 우유나 요구르트도 얼릴 수 있을 정도가 된답니다.

1 소형 지퍼백에 요구르트를 2/3컵 정도 넣고 새지 않게 밀봉합니다. 소형 위생백에 넣고 입구를 묶어 주어도 돼요. ★ 우유, 요구르트, 환타, 콜라 등 다양한 재료로 슬러시를 만들 수 있으니 취향껏 선택하세요.

2 대형 지퍼백에 얼음을 2/3 정도 채운 후, 소금을 3~4숟가락 정도 듬뿍 넣어 주세요.

> **Tip** 얼음의 양 : 소금 = 3 : 1 정도가 가장 적합합니다.

3 요구르트를 넣은 소형 지퍼백을 얼음을 넣은 대형 지퍼백 안에 넣으세요.

4 지퍼백을 신나게 흔들어 주세요. 계속 흔들어 주어야 안쪽의 요구르트가 굳지 않아 살얼음 상태가 유지됩니다. 그냥 두면 셰이크가 아닌 딱딱한 얼음이 됩니다.

> **Tip** 손이 많이 차가울 수 있으니 장갑을 끼거나 봉지를 신문지로 감싸도 좋습니다.

5 지퍼백을 열어 봉지 속의 얼음과 소금, 요구르트가 각각 어떻게 변했는지 확인해 보세요. 물처럼 흘렀던 요구르트가 살짝 얼어 슬러시가 되었어요!

6 지퍼백에 담긴 슬러시를 그릇으로 옮겨 담아요.

7 우유로도 슬러시를 만들어서 요구르트로 만든 슬러시와 어떤 게 더 맛있나 비교해 보세요.

55쪽
무지개를 담은 상자

CD를 잘라 붙이세요.

빛이 들어가는 곳

보는 곳

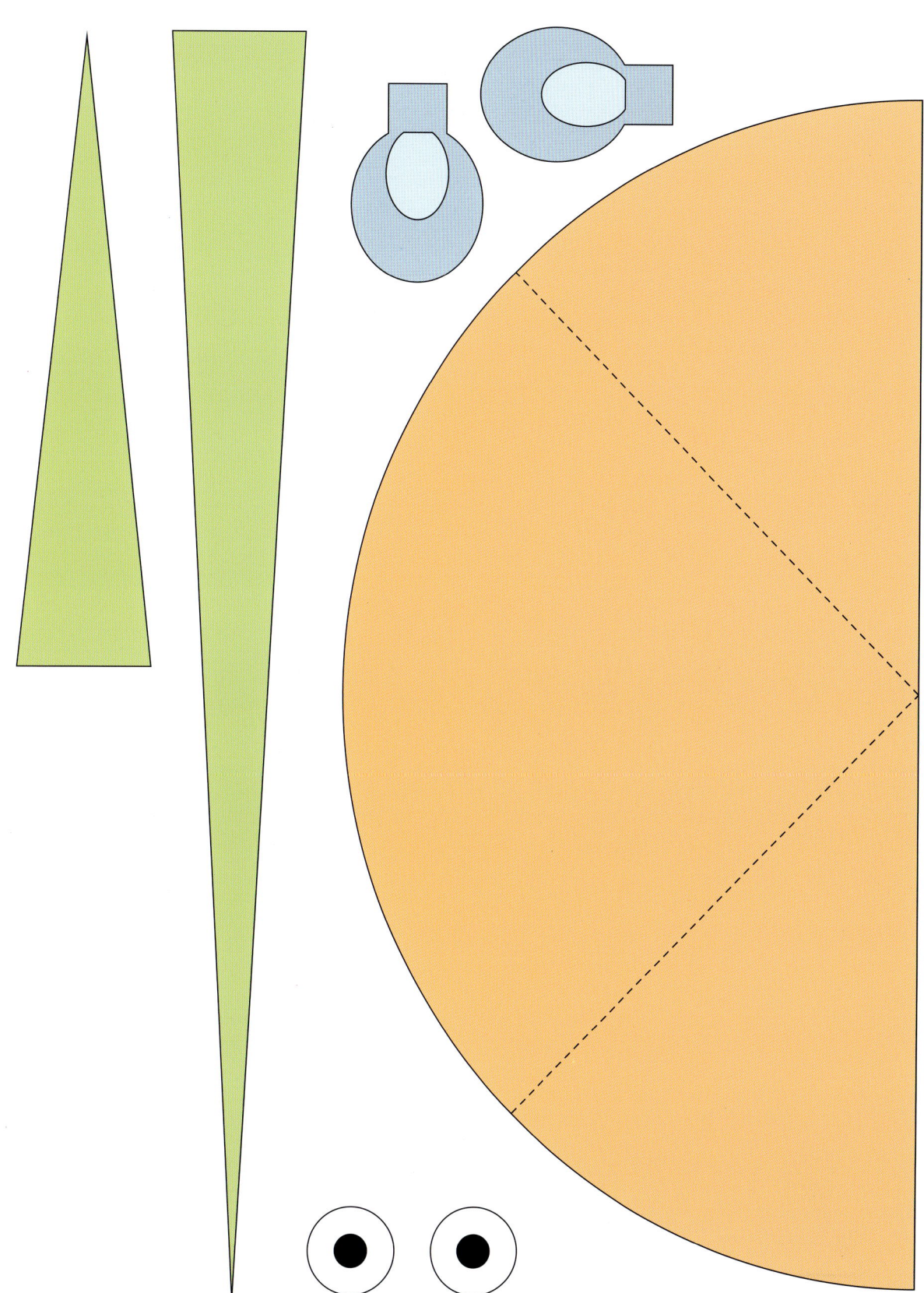

로그인 인기 놀이도서

엄마표 판타스틱 미술놀이

박민재 지음 | 240면 | 값 16,800원

1년 365일 집에서 아이와 환상적인 미술놀이에 빠지게 해 주는 엄마표 가이드북! 계절별 자연을 만끽하는 놀이, 기념일과 절기의 의미를 되새기는 놀이 등을 제시한다. 유아를 위한 촉감놀이부터 초등학생을 위한 만들기까지 광범위하게 담겨 오랫동안 든든한 미술놀이 참고서가 되어줄 것이다.

엄마표 요리놀이

심진미 지음 | 200면 | 값 12,800원

다양한 재료를 찢고 자르고 뭉치는 요리과정을 통해 소근육과 오감을 발달시키고, 요리를 완성하면서 아이들의 성취감까지 키워주는 요리놀이 80개를 소개한다. 태극기케이크, 호떡 눈사람 등 아이들의 상상력을 자극하는 요리가 가득하다.

아빠표 체육놀이

김도연 지음 | 200면 | 12,800원

하루 20분, 아이와의 몸놀이가 아이의 인생을 바꾼다. 체력은 기본, 자신감과 리더십까지 키워주는 아빠표 체육놀이를 손쉽게 따라할 수 있는 아빠 필독 놀이 가이드북! 사랑이 커지는 스킨십놀이, 키 크는 데 도움이 되는 놀이 등을 소개한다.

로그인 유아영어 베스트셀러

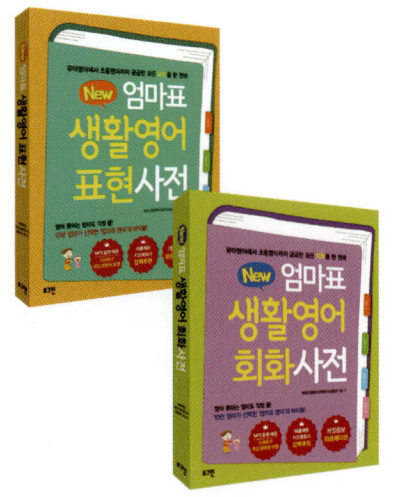

영어 못하는 엄마도 걱정 끝! 10만 엄마가 선택한 '엄마표 영어'의 바이블!
뉴 엄마표 생활영어 표현사전(개정증보 하프에디션)
쑥쑥닷컴영어교육연구소(홍현주 외) 저 | 284면 | 12,000원(무료MP3제공)

뉴 엄마표 생활영어 회화사전(개정증보 하프에디션)
쑥쑥닷컴영어교육연구소(홍현주 외) 저 | 312면 | 12,000원(무료MP3제공)

엄마표 영어 전문가 홍현주 박사의 대표작! '엄마표 생활영어'의 바이블이자 스테디셀러로 자리잡은 《엄마표 생활영어 표현사전》이 개정증보 하프에디션 버전으로 돌아왔다! 분권으로 편리함을 더하고 스마트 IT 최신 표현을 추가해 콘텐츠를 보강했다. 본문 전체를 녹음한 MP3 또한 무료로 제공된다.

'영어' 하면 기죽는 보통 엄마들의 고민 끝!
엄마표 생활영어 표현사전
쑥쑥닷컴영어교육연구소(홍현주 외) 저 | 560면 | 22,000원(무료MP3제공)

150만 쑥쑥맘이 열광한 '영어교육' 베스트 1위! 영어꽝 엄마도 365일 아이와 영어로 말할 수 있게 해주는 책. 대한민국 No.1 영어교육 사이트인 『쑥쑥닷컴』이 엄선한 생활회화 8,000문장을 총 46챕터, 400여 개 소주제로 분류하여 소개하고 있다. 총 10시간 분량의 본문 MP3가 무료로 제공된다.

노래가 말이 되는
영어동요 하루Song, 대화Song
이고은(하루Song)·세히라(대화Song) 저 | 74면 | 각 권 13,800원
(CD 2장, 스티커, 미니북 포함)

아이의 생활과 관계없는 어려운 영어동요는 이제 그만!《하루Song》은 일어나서 잠들기까지 아이가 하루 동안 겪는 20가지 상황을 노래로 만들었고,《대화Song》은 엄마오 아이가 자주 나누는 대화 패턴을 노래로 만들었다. 노래를 따라 부르다 보면 생활회화 문장이 저절로 입에 붙는 고마운 책!

로그인 엄마표 첫 영어 시리즈

온 가족의 웃음 나는 생활영어 작전!
엄마표 첫 영어 회화 100
홍현주 저 | 235면 | 12,000원(무료MP3제공)

엄마 아빠가 영어를 못해도 우리 아이는 얼마든지 영어 잘 하는 아이로 키울 수 있다. 온 가족이 매일 쓰는 생활 영어 표현이 100가지 상황으로 구성 되어, 거실 탁자, 부엌 식탁에 놓고 일상에서 매일 접하는 주제의 영어 표현을 그때그때 찾아 공부할 수 있다.

100가지 영어놀이로 매일매일 골라노는 재미!
엄마표 첫 영어 놀이 100
마선미 저 | 232면 | 12,000원(무료MP3제공)

영어 싫어하는 아이, 몸이 열 개라도 모자른 엄마를 위한, 이보영 선생님이 추천하는 〈엄마표 영어〉책! 100가지 다양한 영어놀이를 통해 재미와 영어, 두 마리 토끼를 잡을 수 있다. 별다른 준비물 없이도 10분이면 할 수 있어 바쁜 엄마들에게도 안성맞춤이다..

아이들이 꼭 묻는 엉뚱한 영어 표현 총집합!
엄마표 첫 영어 표현사전 100
홍주희 저 | 232면 | 12,000원(무료MP3제공)

'코딱지' '응가' '방귀' '썰렁해'처럼 아이들이 영어를 배울 때 꼭 묻고 궁금해 하는 100가지 영어 표현을 순위별로 정리했다. 하루에 한 장씩, 궁금한 영어 표현을 익히면 아이의 영어 실력도 영어 호기심도 쑥쑥 자랄 것이다.

로그인 엄마표 첫 영어동화 시리즈

엄마표 첫 영어동화 읽기 ❶
줄리 황 저 | 84면 | 11,000원(무료MP3제공)

엄마표 《첫 영어동화 읽기》시리즈는 아이들이 가장 좋아하는 동화가 엄선되어 실렸다. 읽기가 끝나면 '영어 동요'와 '영어 놀이'로 재미있게 영어를 학습할 수 있다. ❶권에는 처음 영어동화를 접하는 어린이들도 재미있게 읽을 수 있는 〈아기돼지 삼형제〉, 신체 부위에 대한 표현을 익히고 안전 의식을 심어줄 수 있는 〈빨간 모자〉, 거인의 'fee-fi-fo-fum' 대사로 유명한 〈잭과 콩나무〉가 수록되었다.

엄마표 첫 영어동화 읽기 ❷
줄리 황 저 | 110면 | 12,000원(무료MP3제공)

《첫 영어동화 읽기》❷권에는 마법의 거울 놀이를 할 수 있는 〈백설공주〉, 사람은 내면까지 봐야 한다는 교훈을 담은 〈벌거벗은 임금님〉, 크기를 비교하는 표현을 익히기 좋은 〈신데렐라〉, 아기 동물들의 이름을 배울 수 있는 〈미운 아기오리〉가 수록되었다. 예쁜 그림과 신나는 스토리가 있는 영어동화로 아이들의 관심을 사로잡을 수 있을 것이다.

엄마표 첫 영어동화 읽기 ❸
줄리 황 저 | 84면 | 11,000원(무료MP3제공)

엄마표 《첫 영어동화 읽기》❸권에서는 사물의 크기, 질감, 느낌을 비교하는 표현을 재미있게 익힐 수 있는 〈골디락스와 곰 세 마리〉, 신나는 모험이 가득한 〈피노키오〉, 길 찾기 놀이를 할 수 있는 〈헨젤과 그레텔〉이 수록되었다. 어린이 동화 전문 성우가 녹음한 MP3 음원으로 더욱 즐겁게 동화를 읽을 수 있다.